Para Clara
Afectuosamente
Luis
4/3/95

Rafael Catalá: del Círculo cuadrado a la cienciapoesía

Hacia una nueva poética latinoamericana

Luis A. Jiménez, Editor
Florida Southern College

The Ometeca Institute
New Brunswick, New Jersey
&
Ventura One Publishers
Kent, Washington

Círculo cuadrado a la cienciapoesía

First published in the U.S.A. in 1994 by
Ventura One Publishers
P.O. Box 6330
Kent, Washington 98064-6330, USA

ISBN 1-884975-00-3

A la memoria de Electra Estrada

Esta publicación ha sido posible a un grant *de la*
Electra Estrada Foundation

Indice

Nota sobre el Índice de materias

Al final de este volumen el lector encontrará un detallado índice de materias que guiará al lector a discurrencias específicas de este libro. El índice se refiere directamente a párrafos pertinentes en vez de referirse a páginas enteras como hacen otros índices. Este índice sigue las pautas del *American National Standard Guideline for Indexes and Related Information Retrieval Devices* (NISO 1994)[1]. Esto significa que el lector que busque un pasaje específico por el índice no necesitará explorar toda la página para encontrarlo, sino que será guiado al párrafo específico donde se encuentra el pasaje.

Para referir al lector directamente al párrafo que busque, cada párrafo ha sido numerado en orden consecutivo en todo el libro.

El índice fue compilado por James D. Anderson, Decano Asociado y Profesor de la Escuela de Comunicación, Información y Bibliotecología de la Universidad de Rutgers

---

[1] NISO: National Information Standards Organization (1994). *American National Standard Guidelines for Indexes and Other Information Retrieval Devices*. Borrador preparado para el Comité para Revisar Z39.4-1984. Bethesda, Maryland: NISO, 1994.

— la Universidad del Estado de New Jersey. Este trabajo lo hizo basado en sumarios esenciales de cada párrafo. La técnica NEPHIS (Nested Phrase Indexing System) desarrollada por Timothy Craven de la Escuela de Bibliotecología y Ciencias de la Información, de la Universidad de Western Ontario (Canadá), fue utilizada para convertir estos párrafos esenciales en un índice contextual de entradas[2]. Una vez que estas entradas fueron creadas y ordenadas en orden alfabético, Daniel Handal de la Escuela de Ingeniería de la Universidad de Rutgers asistió en la uniformación de la terminología y la creación de referencias cruzadas para enlazar los términos sinónimos y equivalentes, y otros términos que representan conceptos amplios, estrechos o asociados.

---

[2] Anderson, James D.; Radford, Gary (1988). "Back-of-the-Book Indexing with the Nested Phrase Indexing System (NEPHIS)." *The Indexer* 16(2): 79-84; Octubre 1988.

Introducción

1.   La poesía del autor cubano Rafael Catalá es una de las más novedosas y sugestivas de las últimas dos décadas. Ha publicado *Camino/Roads* (1973), *Círculo cuadrado* (1974), *Ojo sencillo/Triqui-traque* (1975), *Copulantes* (1981), más recientemente, *Cienciapoesía* (1986). En este libro, basado esencialmente en postulados martianos, Catalá combina la teoría y la praxis literaria en lo que él llama "una visión integrada de la realidad en la que las ciencias junto a las humanidades forman parte activa del quehacer poético" (13).

2.   A pesar de la originalidad y novedad en la labor literaria de Catalá, su obra poética está aún por estudiar. Como ha señalado Ofelia García en el *Biographical Dictionary of Hispanic Literature in the United States*, la poesía del autor cubano "still awaits an integral critical analysis, reflecting not only literary currents, but also philosophical, religious, social, political and scientific thought" (59).

3.   El presente volumen pretende responder al comentario de Ofelia García. Reúne trece artículos, responsables de lecturas temáticas y de análisis hermenéuticos que se aco-

modan a las más recientes teorías literarias. Debido a las diferentes aproximaciones críticas de los colaboradores, el libro sigue la teoría del caos al orden del azar, sin que con ello pierda la visión unificadora cataliana de las ciencias y de las humanidades.

4.   Para Lourdes Sifontes Greco, la obra ensayística y poética de Rafael Catalá constituye, en la pluralidad escritural contemporánea, un universo complejo. Opina que la *cienciapoesía*, como realización poética y cognoscitiva, tiene su apoyatura en una tradición holística de vieja data que el escritor transforma al incluir los temas y estructuras de la auto conciencia y la autorreflexividad.

5.   Jerry Hoeg, por su parte, realiza un acercamiento hermenéutico importantísimo para la comprensión de la *cienciapoesía*. Propone una lectura del texto de Catalá sobre el estado de las relaciones entre lo que él llama "las dos culturas". Examina esta nueva perspectiva y discute soluciones de la teoría y de la praxis literaria presentados en la *cienciapoesía*.

6.   Matías Montes-Huidobro describe y funde todo un proceso a través de toda la poética cataliana. Muestra las ecuaciones metafísico-matemático-lingüísticas que surgen desde el primer libro van evolucionando hasta *Cienciapoesía*. Este es el caso de la función del "0" en el obra de Catalá — 0 metafísico, existencial, lingüístico, científico, filosófico, etcétera. Montes-Huidobro se acerca a la función de la poesía cataliana como la del francotirador y de proceso de integración que se proyecta en la realidad cultural.

7.   Kevin Larsen centra su estudio en la dualidad mente/cerebro, artefacto metafórico que se proyecta como "unidad subyacente" en *cienciapoesía*. Rastrea interdisciplinariamente este concepto dualista a Arturo Rosenblueth en su libro *Mind and Brain* (1970). Del biólogo mexicano, Larsen desarrolla varios temas en el discurso poético de Catalá: la autoconciencia (científica y literaria) de la fisiología

del cerebro, las funciones mentales de la palabra "seso" y el proceso lingüístico traducido simbólicamente en pensamientos y sensaciones.

8.   Myrna Nieves presenta una lectura simbólica en el poemario *Círculo cuadrado*. Lleva a cabo su análisis textual basándose en el postulado de Carl Jung que define el *símbolo* como parte de la mente conciente que concibe el arquetipo. El énfasis mayor reside en la discusión de la figura de Jesús, la casa, el agua y el sol, y el padre y la madre, ingredientes simbólicos en la obra de Catalá.

9.   El enfoque de James Romano en *Copulantes* es temático. Su planteamiento subraya el meollo del poemario: el mestizaje del hombre y mujer americanos que contiene elementos antagónicos por su procedencia europea, mezclados con otras raíces africanas, taínas, incas y mayas. El crítico propone tres modelos para el acercamiento al mestizaje: la apertura barroca inspirada en Carpentier, la toma de conciencia y la búsqueda del barroquismo y la heterogeneidad del mestizaje latinoamericano. Según Romano, estos aspectos constituyen la teoría y la praxis del texto cataliano, aunque puedo asegurar que ya son evidentes en *Camino/Roads*, su primera obra: "I take communion with my mulatto and black and white brothers and sisters."

10.   El ensayo de Ciro Sandoval sondea la praxis literaria de la *cienciapoesía*, expresión definidora del último libro de Catalá, y que también incorpora en poemas de *Copulantes* y *Ojo sencillo/Triqui-traque*. Sandoval estudia la poética cataliana enraizada en la visión de lo indígena y articulada a sistemas antagónicos. Más concretamente, denomina la *cienciapoesía* una "clase de utopía moderna". Esta interpretación aparece bien documentada bajo las perspectivas de figuras de relieve contemporáneo como Gustavo Gutiérrez, Octavio Paz y Michel Serres.

11.   Wilma Detjens estudia el papel de la mitología, las tradiciones familiares y la sicología humana en la poesía de

Catalá. La investigadora observa la rebelión técnica del poeta cuando rompe con la gramática española, el uso de las mayúsculas y de la puntuación sin que exista una rima fija. En este análisis lingüístico se discuten paralelamente las distintas estructuras semánticas que el trabajo propone e incluso encuentra cierta similitud entre "Isabel viendo llover en Macondo" de García Márquez y el poema "Piedra filosofal" de Catalá.

12.   William Homestead trabaja sobre la dimensión y compromiso ético de la cienciapoesía. De aquí decanta el ethos ccológico inscrito en esta dimensión literaria, cultural y existencial. Partiendo de Heidegger, Homestead llega a la praxis ética de la cienciapoesía. Una praxis diaria que revela nuestro compromiso con nuestro entorno y el planeta. Esta praxis es una toma de conciencia que revela que el individuo y el entorno son uno.

13.   "Una poética para nuestro tiempo" de Vilma Bayrón Brunet indaga la modernidad de la *cienciapoesía*. Según su opinión, el "modelo teórico" de Catalá reside en su inspiración en la tierra americana. El logro histórico del autor consiste en su esfuerzo por una justificación cultural aunque admite que los elementos intrínsecos a una poética de la *cienciapoesía* aún están por hacer.

14.   Rafael Chabrán sugiere el término "metáfora militar" (ciencia vs poesía) para poner en claro los espacios interdisciplinarios entre dos poetas latinoamericanos, Ernesto Cardenal y Rafael Catalá, y otro español, José López Montenegro. De los dos primeros, comenta sobre *Cántico cósmico* y *Cienciapoesía* respectivamente. Del último opta por discutir el poema "La naturaleza" (1902), haciendo hincapié en la teoría de la evolución para resaltar una interpretación anarquista del universo.

15.   El corto ensayo de Michael F. Capobianco se concentra en tres poemas sobre partículas: "El humilde neutrino", "Amor de muon", y "Telepatía quántica". El crítico,

profesor de matemáticas de St. John's University, busca interdisciplinariamente la conexión entre el mundo de la física y el de la poesía basándose, hasta cierto punto, en la perspectiva holística de David Bohm y el principio de complementariedad de Niels Bohr.

16.   Mi propio artículo, que cierra este volumen, sigue también la perspectiva interdisciplinaria formulada por Roland Barthes, y señalada anteriormente por Rafael Chabrán. Incluye la participación activa del lector en *Cienciapoemas*, un grupo de poesías que presentan una orientación semántica de significados opuestos: tecnología/ecología, energía/masa, observador/actuante, mente/cerebro, etcétera. Intento buscar una respuesta a la síntesis sociocultural en el discurso de Catalá, lo que el poeta considera su praxis literaria: la *cienciapoesía*.

17.   Los trabajos aquí expuestos, disímiles en su contenido y en su acercamiento, comparten con discernimiento selectivo una meta afín: valorizar la obra de Rafael Catalá dentro de los parámetros de su visión holística que unifica el canon científico con el literario. Compartimos, además, el esfuerzo común de descodificar ciertos aspectos claves de esta obra que hoy día está logrando impulsar la curiosidad sociocultural en América y en Europa.

Luis A. Jiménez
Lakeland, Florida

Los sistemas de Rafael Catalá: el discurso interdisciplinario

Lourdes Sifontes Greco
Universidad Simón Bolívar
Caracas, Venezuela

18.   El signo de los tiempos parece girar alrededor de un nuevo eje: éste era de grandes especializaciones, de dominios diversificados e intensos del conocimiento y del ejercicio, cobra una nueva conciencia. Los universos de lo abstracto y lo concreto se tocan, se interpenetran, se interrogan uno a otro. El orbe del intelecto y la creatividad parece recorrer un camino inverso al que lo condujo hasta estos tiempos: la llegada a la particularización abrió nuevamente al hombre las puertas de una totalidad desconocida. En este retorno a la curiosidad por las grandes preguntas de la humanidad — preguntas que los grandes hombres de la Historia jamás perdieron de vista, y que fueron siempre comunes a científicos, poetas o filósofos —, las ciencias asumen su condición de *creadoras de mundos* tanto como la literatura y el arte.

19.   Es en este contexto, en este mundo que se pregunta de nuevo por el conocimiento, por la interdisciplinariedad y por el rol del hombre creador en todas sus ciencias, oficios y visiones, donde se inserta la obra teórico-poética de Rafael

Catalá: una obra donde la pluralidad, la indagación y la autoconciencia instauran la cohesión de un sistema verdaderamente múltiple, moderno y dinámico.

20.   Porque la escritura de Catalá no constituye una suma
de partes discriminadas, sino más bien una disposición ar-
mónica de interacciones y energías: su *cienciapoesía*[1], lejos
de ser un *ismo* más, dibuja sus signos como miradas al mi-
cro y al macrocosmos, como partícipes de una danza plane-
taria — o subatómica — que reclaman su lugar en las interrogantes poéticas del hombre.

21.   La confluencia *ciencia/literatura* — en particular la de
ciencia y narrativa — no luce abrumadoramente nueva;
piénsese en Luciano de Samosata, en Kepler, en Voltaire, en
Goethe, en Matthew Arnold o en Charles Howard Hinton[2].
La literatura, ese ancho caudal que, como señala Alfonso
Reyes, "no conoce límites noemáticos" y "no admite conta-
minaciones noéticas" (Reyes 107), maximiza la naturaleza de
la palabra: se permite nombrarlo todo. La ciencia, entonces,
no podía eximirse de aparecer temáticamente o argumental-
mente en las letras.

22.   Sin embargo, la relación del Catalá poeta con las
ciencias no es la que se establece en el mero nombrar referencial; el poema no es solamente un *lugar de palabras* donde
aparecen, nombrados, átomos, partículas, sistemas, experi-
mentos y galaxias: antes bien, es texto — *tejido* — autoconsciente que propone para sí mismo una dinámica de materia y energía. La palabra de Catalá es generatriz; sus espacios, su léxico, su estructura estrófica, todo en ella convoca
al lector a la reconstrucción de una suerte de universo. Así

---

[1] Catalá acuña este término que, en cierto modo, es asociable no solamente a
la idea de una poesía asociada a la ciencia, sino al derecho de la poesía de
exigir para sí un espacio similar al que la ficción ya había conquistado en el
pasado.

[2] En el ámbito de la ciencia en la ficción, la historia literaria ofrece unos
cuantos ejemplos. Véase Patrick Moore, *Ciencia y ficción.*

sucede en su poema "Sólo es el baile", del volumen *Cienciapoesía* (CP)[3]:

> Subatómicamente sólo es el baile:
> materia es energía embotellada:
> un quark que gira en el axis de mi mente
> y ques mi mente: (CP 54)

23.   El "cienciapoema" de Catalá es, en primera instancia, un reto para el lector, en la medida en que desafía el hábito perceptivo que aguarda un léxico considerado convencionalmente poético y, además, lo hace entrar en juego con sinalefas *visibles*; en otras palabras, las imágenes convocadas por el lenguaje de la física lucen excesiva y agresivamente "modernas" para el lector desprevenido, en tanto que las sinalefas, constantes en Catalá — "dun", "quel" —, le parecerán anacrónicas en su realización ortográfica. Y éste es precisamente uno de los efectos de la cienciapoesía que merece más atención: más allá de la referencialidad, del diccionario científico o de la evocación del poema del verso rimado, la confluencia de estos dos motivos produce una lectura que coloca al receptor — o lo *desloca* — **fuera del tiempo.** El juego que se establece entre lo formal y lo referencial, lejos de "separar" temporalmente la modernidad de la física y la potencialidad arcaizante de la unión vocálica en el verso, produce en la lectura un tiempo único, un momento suspendido *en el axis de la mente del lector*, producido por la confluencia en el espacio del poema. Juego nada inocente — mas no por ello menos espontáneo — que refleja la autoconciencia del texto poético y produce en su estructuración los efectos de la especularidad: el "ques mi mente" de la voz poética pasa a ser el "ques mi mente" en el lector.

24.   El tiempo burlado, tiempo sin tiempo, relativizado por la doble posición que el lector asume entre un léxico de

---

[3] A partir de este momento, las citas de las obras de Catalá irán acompañadas por la abreviatura del título que les corresponde (indicada en el texto) más el número de página(s).

hoy y una formalización "del pasado" — se lee al mismo tiempo un texto cuya referencialidad reposa en la física y otro cuya construcción apela a la nostalgia de las sílabas métricas; son dos y es uno —, sumado a la especularidad que persiste a lo largo del poema — "Es que no hay hombres: sólo hay un hombre / que se proyecta en mil reflejos" (CP 54) —, conforma el espectro interdisciplinario que erige lo poético en este texto de Catalá: si bien es cierto que la nueva física "ha revolucionado la manera en que percibimos la realidad" ("Introducción a la cienciapoesía", CP 15), y que la literatura hace otro tanto a su modo, la poética que sostiene a estos textos lo hace desde ambos puntos de partida, *multidimensionalizando* la posición del lector, multiplicándolo, otorgándole su conciencia de materia y energía, de rostro hecho de azar y de partículas. Poética que lleva autorreflexividad propia del texto estético hasta sus últimas consecuencias, produciendo la autorreflexividad del receptor — decodificación de la del propio emisor — y de todos los sujetos que se mueven en el poema, y que en un libro anterior, *Círculo cuadrado* (CC) ya es perceptible:

> la noche camina
> y yo con él
> y nosotros con ella
> en triángulo de espejos
> nos tocamos
> y nos perdemos en el infinito
>   ("id I", CC 21)

25.   La poética de Catalá hace suya, en este sentido, la "poética fractal" de Benoit Mandelbrot como posibilidad de generación. Nuestro siglo ha hecho posible que la poesía se acerque a los enigmas físicos del universo y que la matemática se aproxime a la emotividad del hombre[4]. Esta interdisciplinariedad se revela como algo inherente al ser

---

[4] Sobre la especularidad, el caos y la fractalidad, y sus relaciones con la ciencia y la creatividad sensible, véase Briggs y Peat, *Espejo y reflejo: del caos al orden*.

humano (a su globalidad), y su exploración atañe a una concepción contemporánea de la creatividad, ligada a la proliferación y superposición de distintos planos de referencia y a la construcción de *reflectáforas*:

> Una reflectáfora es cualquier recurso creativo (...) que surte su efecto creando en la mente del lector una tensión insoluble entre las similitudes y diferencias de sus términos. En otras palabras, una reflectáfora provoca un estado de inmenso asombro, duda e incertidumbre, una percepción de los matices. (Briggs y Peat 196)

26.   Los textos de Rafael Catalá son esencialmente "reflectafóricos": "cada átomo de la tierra / es un concierto de caricias" ("Gravedad", CP 35); el neutrino "es el más común habitante que hizo Dios / y que a la vez es Dios" ("El humilde neutrino", CP 30). Reflectáforas que buscan — provocan — la anuencia del lector ante su propio asombro:

> Turbulencia es proceso de nuestra conciencia,
> es principio de vida y conducta molecular.
> ¿Y qué somos nosotros si no eso?
> ("Turbulencia", CP 46)

27.   Y que constituyen una propuesta poética, congnoscitiva y vital: la apelación al lector, esa conatividad que es constante en Catalá, es reflectáfora hacia sí mismo como primer lector del texto, como portador de una voz y de una estética. Es autoconciencia de comunidad, de ser parte de la totalidad humana. El ámbito subatómico, el sustrato cultural de historia y ejercicio de la ciencia, y la reflexión — en todos sus sentidos, *reflexivos* y *reflejos* —, son caminos fragmentarios hacia las respuestas que el hombre busca desde siempre:

> hay, bueno, hay que arrancar la noche al universo
> hay que unirse al Hombre y en un toque
> de frentes romper el límite de dimensión y nombre
> hay que elevar el horcón hacia el infinito.
> ("Tríada", CC 64)

28.   He ahí las razones de la *cienciapoesía* sustentadas teóricamente desde su propia praxis; he ahí la necesidad de un "toque de frentes" para romper los límites entre dimensionalidad y verbo. Y todo ello en nombre de un Hombre con mayúsculas, de una Humanidad que se opone a lo oscuro. La poesía, para Catalá, no es LA visión única del universo, no es LA especialidad privilegiada:

> Poema y poeta no es dios
> > (ni pequeño ni grande)
> > ni logo ni egocéntrica
> Es un vector del proyecto humano
> ques parte de uno mayor, naturalmente
> > (*materialidad textocontexto*, CP 48)

29.   Antes bien, la idea de poesía ha de acercarse a esa autoconciencia de *ser parte* de otros vectores y de un macroproyecto — ése que se desarrolla desde la aparición del hombre sobre el planeta —. Y ese *ser parte*, aun cuando dialoga con la ciencia y se funde con ella, no consiste única y exclusivamente en una relación dicotómica *ciencia/literatura*, sino también en una relación múltiple y especular con todos los vectores posibles: para Catalá, la apertura hacia la preocupación por nuestro mundo; la turbulencia se define como "Constelación de estados como Centroamérica" (CP 46), y en tales "estados" se funden las nociones de estado físico y estado geográfico-político. El resultado de esta imagen confluyente es, por supuesto, reflectafórico: un tipo de estado remite a otro, luego todos los estados del primer tipo remiten a todos los estados del segundo. En la significancia poética, este juego obtiene una riquísima lectura donde la turbulencia deviene en categoría sociológica, los *estados* se diluyen en otros estados del mismo o de otro sector de la realidad y Centroamérica *es pensada* por emisor y receptor con una metáfora que, en el lenguaje de la física, encubre humanísimas connotaciones (la de la inestabilidad, entre otras). Si, como afirma el poeta en "américa II" (*Ojo sencillo/Triquitraque* 48), hay que "pensar a América" desde sí y no desde

otros puntos de referencia del globo, cuyos roles y atributos culturales interferirían con tal ejercicio, es un buen comienzo dar pie a la idea de América desde su constitución material, física y política — esto es, sus *estados* en cualquier sentido.

30.   Partiendo de la propuesta estética de la cienciapoesía, Catalá traza el cuadro de una poesía contemporánea que apunta a lo que Saúl Yurkievich llama "la pluralidad operativa":

> Practicamos una poética polivalente, polifónica, plurívoca en concordancia con una visión relativa e inestable, con una percepción del mundo heterogénea, veloz y simultánea. (Yurkievich 153)

31.   Si se observan detenidamente los adjetivos empleados por Yurkievich para referirse a la percepción del mundo, no será difícil asociarlos a categorías como perspectivismo, relativización, irregularidad, multiplicidad, polifonía, todas estrechamente vinculadas con el discurso interdisciplinario en su esencia; en segundo, podría decirse que igualmente atañen por separado a las preocupaciones de las más *distintas* disciplinas del mundo actual. Luego, la poesía contemporánea reclama su naturaleza fractal y reflectafórica aun desde aquellas propuestas que no manifiestan una especial intencionalidad "científica". Las características señaladas por Yurkievich, desde la poesía, reflejan la multiplicidad de la búsqueda humana, de la cual cada búsqueda unitaria es un espejo. Y si entre estos espejos está la poesía misma, la reflexivización se extiende hasta el infinito. He aquí el eje de la obra de Rafael Catalá:

> El "instrumento" expresivo mirándose a sí mismo; decir diciéndose, escribir inscribiendo a la escritura, en una especie de distanciamiento crítico. (Hernández 18)

32.   Otro tanto sucede con su obra ensayística, en la cual las referencias estéticas, literarias, sociales, teológicas, científicas, etcétera son conducidas por un discurso cuyo obje-

tivo reside precisamente en *ponerlas a mirarse* unas a y en
otras: el pensamiento de Catalá se manifiesta como una constante puesta en juego autoconsciente que demanda la atención
del lector. De aquí que, en su *reflexividad*, su poesía sea in-
tensamente teórica, metapoética y que, en su *autoreflexivi-
dad*, sus ensayos sumen al cuadro de un discurso coherente,
interdisciplinario y preocupado por la problemática del desarrollo una innegable impronta poética. En ambos géneros el
texto se revela como nueva dimensión de pensamiento y estética, como apertura a la cultura de la humanidad contemporánea: las indagaciones científicas, sociales, formales y
religiosas instauran un marco nuevo que el propio autor, en
sus teorizaciones, visualiza en cinco cauces:

> La cienciapoesía parte de cinco vertientes: la histórico-cientí-
> fica que trata de la evolución histórica de uno o más aspectos
> científicos; la científico-científica que expresa literariamente el
> principio científico desde sí mismo; la científico-social que
> brega con las relaciones e interacciones de la ciencia con la so-
> ciedad; la científico-literaria que trata de la interacción de la
> ciencia con la literatura o viceversa, y el poema interdisci-
> plinario que se ocupa de las relaciones entre los diferentes cam-
> pos del saber, donde el poema mismo es la vasija de intercam-
> bio y/o copartícipe actuante. ("Para una teoría latinoamericana
> de las relaciones de la ciencia con la literatura: la ciencia-
> poesía", PTL 216)

33.   Así Catalá pone en juego los que él mismo llama
"productos del sistema sociocultural" (PTL 218), desmitifi-
cando su supuesto antagonismo y reintegrando al hombre a
su tarea de investigador del mundo. Historia de la ciencia,
filosofía de la ciencia, poesía de la ciencia, ciencia de la
ciencia o literatura de la literatura, el discurso propuesto por
la obra de Catalá funda sistemas que, aun cuando remiten al
texto mismo y *son el mismo texto*, ponen en marcha una red
de relaciones *metapoéticas* y *metateóricas*: estratégicamente,
los poemas y ensayos de este autor construyen un lector muy
especial, un lector que se colocará inexorablemente ante el
Universo como un todo, de una manera única y múltiple.
Porque no se trata solamente del ensayista que nos llama a la

reflexión, preguntándonos el por qué del cisma cien-
cias/humanidades; se trata también de una voz poética, que
hace suyos el caos, la nolinealidad y la reflexivización, cues-
tionando las lecturas habituales del aquí y el ahora, del espacio y del tiempo. Porque una poética de la interdisciplinariedad ha de ser asímismo una poética de la simultaneidad,
de la reflexión isomórfica:

> y salen libros con novelas y cuentos e ingenieros
> y científicos y pintores vanguardistas sembrando
> / escuelas
> nuevas y nuevos campos de ciencia y arte ....
> ["Pinos nuevos", *Copulantes*, —C— 29]

Un elemento importante de la visión integral de la cienciapoesía es la traslapación de elementos comunes a ambos sistemas, como lo son, entre otros, la simetría, el propósito y la
finalidad estética. Otro elemento es el isomorfismo sistémico.
Por ejemplo, la lengua española consta de veintiocho letras
más signos de puntuación. Las letras se pueden ordenar para
formar palabras y oraciones. La letra en sí misma no toma
carácter o significado sino hasta que se agrupa con otras letras
u ocupa por sí sola un lugar entre palabras — como la conjunción *y*. Lo mismo sucede con las partículas fundamentales; los
cuarks, los leptones, y los gluones. Estas son el alfabeto de la
naturaleza. (PTL 219)

34.   La combinatoria del universo es vista por Catalá
como metáfora física, matemática, biológica, social, religiosa, literaria, lingüística: su funcionamiento como *sistema
de información* es la clave: de allí que las llamadas *ciencias
de complejidad*, en el orbe de los ordenadores, descubran
continuamente su propio apoyo en espectros multidisciplina-
rios[5]. El hallazgo de la interdisciplinariedad poética responde

---

[5] Como señala Heinz Pagels, "en el campo de la ciencia y del conocimiento
se ha estado verificando un sorprendente fenómeno de convergencia, especialmente en el curso de los cuarenta años transcurridos desde la Segunda
Guerra Mundial, y a un ritmo acelerado durante la última década. Están
surgiendo materias nuevas, altamente interdisciplinarias en términos tradi-

a una necesidad del hombre y del poeta actual; desde que intangibilidad y tangibilidad dejan de ser términos absolutos, y desde que las disciplinas del hombre se dan cuenta de ese gran punto en común que es el hecho de no ser generadoras de *respuestas*, sino de preguntas, la poesía recobra su naturaleza de investigación y de sistema. En palabras de Octavio Paz:

> La física nos reveló que la materia no era ni una sustancia ni una cosa sino una relación (...). Materia y vida se han vuelto palabras no menos gaseosas que alma y espíritu. Lo que llamamos vida es un sistema de llamadas y respuestas, una red de comunicaciones que es asimismo un circuito de transformaciones. (...) La analogía con el lenguaje es perfecta —y con el lenguaje en su perfección extrema: el poema. Como en un poema de poemas, cada cosa rima con la otra, cada cosa —sin dejar de ser ella misma— es otra y todas ellas, siendo distintas, son la misma cosa. El sistema es un orbe de equivalencias y correspondencias. (Paz 115-6)

35.   La realización misma de la poesía, en recursos como la metáfora y la metonimia —que *juegan* con la posición de las realidades nombradas y designadas en el tiempo y el espacio—, es ese "circuito de transformaciones" del que habla Paz. La poesía, sistema de sistemas en el punto de partida de la indagación verbal, lenguaje del lenguaje mismo, es entonces generación vital, fuerza creadora. Según el Premio Nóbel de Medicina Peter Medawar,

> Un acto de la imaginación, una aventura especulativa, subyace, por tanto, en toda mejora del conocimiento de la naturaleza.
> No fue un científico ni un filósofo, sino un poeta, quien primero calificó este acto mental y encontró la palabra adecuada para describirlo. El poeta fue Shelley, y la palabra *poiesis*, raíz

---

cionales, que en muchos casos representan las fronteras de la investigación. Estas materias interdisciplinarias no vinculan en su totalidad una disciplina tradicional con la otra, sino que se unen subáreas específicas para conformar una nueva materia. El modelo es variado, y sujeto a cambios continuos" (37).

de los vocablos "poesía" y "poeta", que significa fabricar, crear,
o el propio acto de creación. (Medawar 81)

36.   Esa subyacencia de la poesía en toda actividad pro-
ductiva del hombre la aleja de los conceptos comunes de
inutilidad que le son adjudicados; y es esta generatividad
fractal de la *poiesis* la que Catalá reivindica en sus textos: la
indagación científica, sociológica, política, es, en sus inicios
y en su discurso, indagación poética, creativa, imaginaria,
combinatoria y verbal. Ni las diversas disciplinas del
conocimiento pueden prescindir de la *poiesis*, ni ésta es ex-
clusiva de la poesía como género literario.

37.   El poema es juego continuamente generador; de hecho, nombre y designación parecen ocultarse uno de —en—
el otro: "*un poème nous dit une chose et en signifie une autre*
" (Riffaterre 11). Esta "oblicuedad semántica", a decir del
propio Riffaterre, puede producirse de tres formas distintas:
"par déplacement, distorsion ou création du sens" (12). Tres
formas que recorren la metáfora, la ambigüedad y la generación de sentido y que, en teoría, "*menacent la représenta-
tion littéraire de la réalité* ou *mimésis*" (12). En Catalá, sin
embargo, estas tres formas conviven, se superponen, y
renuevan el sentido mismo de la mímesis convencional,
metamorfoseándola en *mímesis* del proceso creador y del
proceso reflexivo —o de todos los procesos creadores y reflexivos—. La cienciapoesía recrea la realidad del instante
creador, del instante de observación del lenguaje y el universo, manteniendo viva la realidad a través del hecho de
nombrarla —como la ciencia—:

> Unicorns are not "real" because our community has no expec-
> tations about living our dead unicorns that can be fulfilled,
> only mythological ones. The reality of unicorns is related to
> our use of the word *unicorn*. Using the word every day would
> commit us to the existence of "real" unicorns, just as using
> the word *quark* every day commits physicists to the existence
> of quarks. (Gregory 192)

38. Y la teorización con que Catalá respalda su quehacer humano, literario, editorial, es también un discurrir metalingüístico: las referencias a la cienciapoesía, a la nueva física, a la teología de la liberación, constituyen un lenguaje integrador que habla de sí mismo. Discurrir poético donde los signos también se desplazan, se distorsionan y presencian la creación de un nuevo sentido en un vasto sistema.

39. Sistema que preocupa a Catalá desde el punto de vista de su reflexión colectiva y de su difusión; desde el núcleo teórico de ensayo y el generador de la poesía, se dibuja el que habrá de tender el puente entre ambos, sus propuestas y el hombre: el núcleo de la pasión pedagógica. La instauración *social* y universal de una conciencia del paradigma holístico, heurístico y homeostático que Catalá hace suyo y que las ciencias y artes de la contemporaneidad reflejan ha de ser *comunicable*, transmisible, *enseñable*; en una postura martiana hacia la formación de juventudes en América, el poeta/ensayista/editor/pedagogo Catalá observa las necesidades de la enseñanza en un continente en desarrollo, así como sus vinculaciones con la actualización de una *cultura* cuya evolución propone una modificación de perspectivas. El azar, el espaciotiempo, la fragmentariedad, categorías todas compartidas por ciencia y literatura, son parte del hombre de hoy, y en tal sentido deben ser comprendidas e investigadas por las generaciones en formación. Más allá de la ya antigua pugna ético/práctica entre las humanidades y las ciencias, la dialogicidad del sistema científico/humanístico exige una lectura global, formadora y renovada. Una confluencia que, de hecho, existe, y que el individuo creativo reclama desde otros momentos de la historia:

> El curso del conocimiento es como el flujo de un poderoso río que, atravesando las fértiles tierras bajas, recoge en su seno la contribución de cada valle. En semejante río es probable que desemboque un torrente de montaña, el cual, encontrando difícil su paso entre las estériles tierras altas, se precipita por alguna escarpada pendiente en el curso de agua más importante, exhi-

biendo en el momento de su confluencia el más hermoso espectáculo de que es capaz un sistema fluvial. (Hinton 60)

40.   Esta reflexión de Charles Howard Hinton, escrita hace ya más de un siglo, constituye la imagen homeostática del conocimiento y la fusión de sus diversas riquezas. En ella puede verse, además del símil fluvial, la inexorabilidad del encuentro entre corrientes y la hermosura —la estética— latente —o patente— en la noción de un *sistema* en curso y en la interacción de sus subsistemas. En este fluir, así como en el propio fluir del río y su sonido, se refleja una cualidad que está presente en la poética y en la teoría de Catalá, tanto en sus implicaciones significativas como en su forma: la serenidad, el devenir que se sabe en curso y en progreso. El lenguaje de Rafael Catalá, en su intensidad referencial y en su riqueza sígnica, establece, sintagmática y paradigmáticamente, un flujo sin interrupciones. Su capacidad de síntesis redunda en un *continuum* donde convergen las múltiples realidades percibidas desde los distintos subsistemas de la sociedad y la cultura.

41.   Otro aspecto digno de atención en la poética de Catalá y en este *fluir construido*, mixto y múltiple, es la presencia de una constante histórica como la del Barroco. Aspecto coherente con el hecho de que la actualidad, al igual que los tiempos de surgimiento del Barroco estético en Europa, se traza como un momento de *reformulación* de la realidad conocida y del modo —o los modos— de conocerla [6]. Reformulación relacionada estrechamente con los mundos descubiertos —geográfica, astronómica, microcósmicamente— y con la expansión de horizontes, y que en Catalá postula la inevitabilidad de la interacción y de la mutua in-

---

[6] Esta relación es la que Severo Sarduy designa con el nombre de *retombée* creativa en su volumen *Barroco*, en el cual se desarrolla científica, literaria, estética e históricamente el discurso global del barroquismo como visión del mundo ligada a las ciencias, a la percepción y el conocimiento del cosmos, y al ámbito de la creación humana.

fluencia. No es casual que el poema "Pinos nuevos" habla del "nuevo lenguaje" como una presencia barroca:

> ... Son verbos nuevos y son palabras nuevas
> en un barroco militante y joven .... (C 29)

42.   Y si de confluencias se trata, esta mirada hacia el barroco y su *novedad*, su presencia verbal, su constancia histórica en momentos de intenso cambio de rumbo, de perspectiva o de conciencia en cuanto a limitaciones y conocimientos se refiere, enlaza a Catalá con el *corpus* global de la literariedad latinoamericana contemporánea, para la cual el barroco —bajo distintos rostros— es piedra angular. En la escritura latinoamericana, la ciencia nunca ha sido ajena: piénsese en Sarduy, en Fuentes, en Lezama, entre otros. Tal vez el aporte de Catalá reside precisamente en la exploración de la autoconciencia de esta presencia científica en la literatura.

43.   Autoconciencia que, por su parte, es signo claro de contemporaneidad, y que se propone no sólo textual y formalmente, sino referencialmente, tanto en el ensayo:

> La concepción del tiempo, del espacio, del azar, etcétera, están cambiando a gran velocidad y el humanista tiene que integrar esta nueva visión. (PTL 219)

como en el poema:

> Es un hecho muy serio ser estrella y sol
> y estar conciente y levantarse
> ("Estrella y sol", C 28)

Y que alude a la irremisible *presencia* del sujeto, a la inseparabilidad del sujeto con respecto a todo cuanto lo rodea, a todo cuanto observa:

> ¿qué hay en la tierra que no sea *yo?*
> *Yo* es mi único nombre

y *yo* soy la única vida

("Identidad", CP 56)

.... al reflexionar, nos damos cuenta de que la Tierra está en el universo, y nosotros en la Tierra. Nos percatamos de que la Tierra y nosotros somos uno, y de que la Tierra es una con el universo y nosotros también. Una vez que hemos tomado conciencia de esta relación nunca jamás podremos apuntar hacia el paisaje o hacia las estrellas sin apuntar, al mismo tiempo, hacia nosotros mismos. (PTL 220)

44.   Observar la obra de Rafael Catalá, en su naturaleza especular, meta y reflectórica, autoconsciente y *ciencia-poética* no es entonces sino un acto de observación del universo en la palabra, y, por ende, en un acto de observación del sujeto lector hacia un sistema que lo incluye —es decir, hacia los muchos subsistemas que lo incluyen—; en otras palabras, hacia sí mismo. No es casual que los géneros de Catalá sean el ensayo y la poesía: en el primero, la naturaleza reflexiva interior nos remite al discurso del pensamiento en sus ramificaciones, idas y vueltas; en el segundo, toma cuerpo la noción de *poiesis*, la premisa creadora que envuelve a emisor y a receptor. No es casual, igualmente, el hecho de que todo el proceso evolutivo de la obra de Catalá apunte hacia el blanco de la *cienciapoesía*, de la *poiesis* como entidad inseparable del conocimiento: ensayo, *poiesis* y cienciapoesía conforman un triángulo cuyos vértices se reflejan unos en otros —como el poema citado más arriba—, y reflejan asimismo cuanto esté en su interior. Y ¿no está *todo* comprendido entre el discurso de la mente humana, la creación y el conocimiento? ¿No cobran existencia los distintos niveles de la "realidad" al ser pensados, creados, investigados y verbalizados por el hombre? De aquí que Catalá acometa la tarea de *nombrar* ese universo subatómico, de dar al lector conciencia del mismo en el contexto natural y social y en su propia individualidad: en el desarrollo de su estética y de su pensamiento, la obra de Catalá, epistémica y sistémica, apela a la conciencia de *ser* materia inasible, red de relaciones, energía en danza interactiva; cuestiona la *tangibi-*

lidad del lector, o bien exalta su intangibilidad posible, su ser, potencial y actualmente, un permamente universo para observar y por descubrir.

Obras citadas

Briggs, John y F. David Peat. *Espejo y reflejo: del caos al orden.* Traducción de Carlos Gardini. Barcelona: Gedisa, 1990.

Catalá, Rafael. *Círculo cuadrado.* NY-Madrid: Anaya/Las Américas, 1974.

————— *Ojo sencillo/Triqui traque.* Nueva York: Cartago, 1975.

—————*Copulantes.* 2nd ed. Minneapolis: Prisma Books, 1986.

—————*Cienciapoesía.* Minneapolis: Prisma Books, 1986.

————— "Para una teoría latinoamericana de las relaciones de la ciencia con la literatura: la cienciapoesía". *Revista de Filosofía de la Universidad de Costa Rica* 67/68 (1990): 215-223.

Gregory, Bruce. *Inventing Reality: Physics as Language.* New York: John Wiley & sons, 1988.

Hernández, José Orlando. "Rafael Catalá y el anverso ptolomeico: *Círculo cuadrado*". *El tiempo hispano* (marzo 2, 1975): 18.

Hinton, Charles Howard. "¿Qué es la cuarta dimensión?" *Relatos científicos.* Traducción de Juan Antonio Molina. Madrid: Siruela, 1986.

Medawar, Peter. *Los límites de la ciencia.* Traducción de Juan José Utrilla. México: Fondo de Cultura Económica, 1988.

Moore, Patrick. *Ciencia y ficción.* Versión española de Victoriano Gil Pascual. Madrid: Taurus, 1965.

Pagels, Heinz. *Los sueños de la razón.* Traducción de Inés Pardal. Barcelona: Gedisa, 1991.

Paz, Octavio. "El árbol de la vida". *In/mediaciones.* Barcelona: Seix Barral, 1979.

Reyes, Alfonso. *El deslinde.* México: Fondo de Cultura Económica, 1963. Tomo XV de las *Obras completas.*

Riffaterre, Michel. *Sémiotique de la poésie.* Traduit par Jean-Jacques Thomas. Paris: Editions du Seuil, 1983.

Sarduy, Severo. *Barroco.* Buenos Aires: Sudamericana, 1974.

Yurkievich, Saúl. *La confabulación con la palabra.* Madrid: Taurus, 1978.

Cienciapoesía: una innovación estratégica

Jerry Hoeg
Arizona State University

45.   Cienciapoesía. Una palabra inusitada que parece casi oxímoron. Un término que va en contra del sentido común. Las partes no parecen formar un total coherente. Sin embargo, para Rafael Catalá (1942-), el poeta y ensayista cubano que acuñó el término, la extraña hermandad de ciencia[1] y poesía representa una perspectiva nueva y urgente, de tal manera que a partir de ella la *división* de ciencia y poesía se percibe como un error fundamental. Desde esa perspectiva, la *unión* de las ciencias y las humanidades se hace necesaria a fin de evitar los desastres ecológicos y tecnológicos que su división ha producido, es decir, para asegurar la sobrevivencia a largo plazo de la humanidad, y hay que hacer constar que para la cienciapoesía dicha sobrevivencia tiene sentido perfecto. Asimismo y desde esa misma perspectiva,

---

[1] Como se usa el término en este ensayo, las "ciencias", en contraste con las humanidades/literatura, se refiere a las ciencias naturales, sobre todo a la física y la química, y sus varias ramas tecnológicas tales como las numerosas formas de ingeniería derivadas de la física y la química.

sobrevivir significa la cooperación, y no la competencia, entre las ciencias y las humanidades. Catalá explica "con las ciencias se descubren las leyes que rigen el ecosistema. Con las humanidades se descubre la responsabilidad ética[2] de protegerlo." (Para una teoría latinoamericana 219). La cienciapoesía cuestiona la viabilidad, como último recurso, de la humanidad bajo la presente epistemología newtoniana-cartesiana, basada en el concepto de sistemas cerrados, y a la vez ofrece una nueva perspectiva epistemológica — una que imbrica tanto al sistema (abierto) como al ambiente — y una posible manera de implementarla. En este ensayo, me propongo elucidar la lectura de Catalá sobre el estado presente de las relaciones entre las "dos culturas", o sea las ciencias y las humanidades, examinar la nueva perspectiva que él expone, y discutir las posibles soluciones que la teoría y la práctica de cienciapoesía presentan a los problemas engendrados por el presente estado de las relaciones entre las ciencias y las humanidades.

La presente situación

46.   Para comprender la posición de Catalá, primeramente hemos de situarlo dentro del contexto de la discusión perenne sobre la relación entre las ciencias y las hu-

---

[2] Por "ética", Catalá entiende una ética eco-sistémica que se basa en la sobrevivencia a largo plazo tanto del sistema como del medio ambiente:

> comenzamos a tomar consciencia del homeostasis de la naturaleza de que somos parte y su función ética inherente —ya que homeostasis es el proceso por el cual el sistema mantiene su integridad. Si la naturaleza no mantiene su integridad no hay vida animal o vegetal, y por ende no habría ni ciencias ni humanidades. Es aquí que la ética natural — el equilibrio del sistema — se une a la ética moral. Ambos términos se vuelven sinónimos uno del otro. (Para una teoría 219-20)

manidades/literatura. Examinemos esta discusión en términos epistemológicos e ideológicos.

47. A nivel epistemológico, vemos que detrás de lo que Francesco Orlando ha denominado "la división intelectual de la labor"[3] (213) se encuentra una lógica, una manera de concebir nuestro universo, que se remonta a la Grecia clásica de Sócrates, Platón, y Aristóteles. Esta forma racional de ordenar[4] el universo estableció unas normas de "conocimiento" que todavía subyacen a nuestras concepciones de lo que constituye o no constituye el conocimiento. Un elemento clave de esta epistemología es la asunción de que detrás de cada relación existe la categoría de la 'oposición binaria', la

---

[3] A menos que se mencione otro traductor, la traducción es mía.

[4] Prigogine y Stengers, al discutir lo que ellos denominan la posición "anticiencia" de Martin Heidegger en *The Question Concerning Technology*, observan:

> Heidegger directs his criticism against the very core of the scientific endeavor, which he sees as fundamentally related to a permanent aim, the domination of nature. Therefore Heidegger claims that scientific rationality is the final accomplishment of something that has been implicitly present since ancient Greece, namely, the will to dominate, which is at work in any rational discussion or enterprise . . .

> [Heidegger dirige su crítica contra el núcleo mismo del esfuerzo científico, el cual él ve como fundamentalmente relacionado con una meta permanente, el dominio sobre la naturaleza. Por eso Heidegger afirma que el raciocinio científico es el logro final de algo que implícitamente ha estado presente desde la Grecia clásica, o sea la voluntad para dominar, que se halla en toda discusión y proyecto racional . . .] (32)

Como voy a procurar demostrar en el presente trabajo, al plantear una relación de oposición racional entre ciencia y anti-ciencia, el planteo mismo se encuentra atrapado en el sistema racional que pretende criticar. La cienciapoesía evita el caer en esta trampa planteando un sistema jerárquico en el cual la dominación de la competencia racional de tipo "o / o" (o la una o la otra) se mediatiza por una codificación cooperativa de tipo "tanto-como" dentro de un contexto que es en último análisis también "tanto-como".

esencia de la lógica aristotélica de la no-contradicción. La cosmovisión de Aristóteles[5], y no ha habido ninguna más influyente, concibió 'el estudio de la naturaleza' (*Physics*) y el del 'más allá de la naturaleza' (*Metaphysics*) en términos de diadas de 'opuestos': Fuego/Tierra, Aire/Agua, Forma/Materia, Activa/Pasiva, y así sucesivamente. Aunque a lo largo de los últimos 2500 años algunos de estos binomios han sido abandonados — Fuego/Tierra, Aire/Agua — para dejar cabida a nuevos, las reglas del juego, o sea el concepto mismo de las oposiciones binarias, casi no han sufrido cambio. En *The Rules are no Game*, Anthony Wilden, bajo el título "Oposiciones Imaginarias", observa:

> Desde el Cardenal Nicolás de Cusa hasta Lenín, desde el ch'i wu Taoista hasta Engels, desde William Blake hasta Mao, y desde los 'filósofos de la naturaleza' alemanes del siglo XVIII hasta el antropólogo Claude Lévi-Strauss, la doctrina de que las oposiciones binarias forman parte básica de las relaciones humanas . . . ha confundido consistentemente nuestra comprensión de las relaciones entre organismos y medios ambientales en la naturaleza, entre individuos y grupos en la sociedad, y entre la realidad y el dominio de imágenes e ideas. (82)

En una epistemología basada sobre supuestas 'oposiciones binarias', el conocimiento se ordena según la fórmula "o 'P' o "no-P"'. De ahí que una proposición sea o racional o no racional, un hecho real o ficción, ciencia o literatura. En nuestra presente epistemología, la asunción subyacente es que la ciencia trata de hechos racionales, con la fría realidad, mientras que la literatura representa el reino de lo irracional, lo emocional, lo imaginario, de la ficción y la fantasía, como opuestos a lo factible, a lo Real. No importa si la relación se considera desde el 'lado' de las ciencias o desde el de las humanidades, porque mientras la doctrina de la oposición binaria mediatice nuestra forma de conceptualizar relaciones,

---

[5] Para un análisis del uso del concepto de la oposición binaria por parte de Aristóteles, véase George Boas, *Some Assumptions* 8-26, C. K. Ogden, *Oppositions* 21, and Anthony Wilden, sobre todo *Rules*, 79-82.

cada lado considera al otro como 'opuesto', precisamente como 'otro'.

48.   Mientras consideremos la relación entre la ciencia y la poesía (en el sentido platónico de la palabra) desde el interior de la lógica de la epistemología dominante, aunque es posible que nos percatemos de que la 'oposición' entre los dos campos presenta un problema, no podremos encontrar la solución. Consideremos la siguiente bien conocida cita de Nietzsche:

> la influencia de Sócrates, hasta la actualidad y aún hacia todo porvenir, se ha esparcido sobre la posteridad como una sombra que sigue creciendo en el sol del atardecer. (93)

Nietzsche ve a Sócrates, el "hombre teórico . . . . [a quien] le importaba más la búsqueda de la verdad que la verdad misma — y así reveló el secreto fundamental de la ciencia" (94-95), como el símbolo de la muerte de la Tragedia (Poesía). Sin embargo, al describir la relación entre la ciencia y tragedia, él postula dicha relación en términos de la epistemología socrática, es decir, en términos de oposiciones binarias: "la *oposición* más noble quiero significar la ciencia" (letra bastardilla mía) (99). Aunque Nietzsche considera el *elenchus* socrático como el fin de la tragedia, su propia forma de raciocinio se ubica dentro del contexto socrático. El mismo concibe la relación entre la tragedia y la ciencia como una oposición binaria, como una relación entre tragedia versus ciencia — o ciencia o tragedia.

49.   Una distinción clave entre la vieja perspectiva caracterizada por la oposición y la nueva perspectiva que se ofrece en la cienciapoesía se ve en la manera como la cienciapoesía estudia las supuestas oposiciones binarias. En vez de escoger o un 'lado' o el otro, como lo hace la vieja perspectiva, la perspectiva epistemológica de la cienciapoesía intenta resolver la supuesta 'oposición':

> La cienciapoesía es una práctica que al ser examinada reditúa sus cimientos: una síntesis de dos sistemas supuestamente antagónicos: las humanidades y las ciencias, la teoría y la creación, la razón y la vida — como diría Unamuno—. Estos sistemas son expresión del conocimiento, por lo tanto los opuestos no existen. ¿Cómo es posible que dos productos del sistema sociocultural, cuya finalidad es el conocimiento de ese sistema, sean percibidos como entes antagónicos? (Catalá, "Para una teoría" 218)

50.   No obstante la perspectiva de Catalá, en el mundo intelectual de hoy, que C. P. Snow ha caracterizado como el de "las dos culturas", la concepción nietzscheana de la relación entre las ciencias y las humanidades como relación de 'oposición' parece ser, en gran medida, aceptable por ambas partes. En 1984, el muy conocido crítico George Steiner llegó a la conclusión de que la tragedia griega en general, y *Antígona*, la tragedia *par excellence*, se basan sobre cinco pares de "binary 'elementals'":

> Las polaridades de lo masculino y lo femenino, el envejecer y la juventud, la autonomía individual y la colectividad social, el ser y la mortalidad, lo humano y lo divino, pueden cristalizar solamente en términos adversativos. (232)

Claro es que Steiner debe mucho al estructuralismo de Claude Lévi-Strauss, el cual, a su vez, debe mucho a las investigaciones lingüísticas de Roman Jakobson y Nicolai Troubetzkoi, específicamente a su 'descubrimiento' de las oposiciones binarias mejor conocidas en la actualidad como "rasgos distintivos". En su *Principals of Phonology* (33) Troubetzkoi afirma:

> El concepto de diferencia presupone la idea de oposición. Dos cosas pueden diferenciarse únicamente en la medida en que se opongan, i. e. en tanto que exista una relación de oposición entre ellas. (citado en Wilden, *Man and Woman* 25)

El hecho de que una relación lingüística libre de contexto sea llevada a algo tan ligado a un contexto como lo es la tragedia griega es simplemente un ejemplo del grado de la importancia cultural de la epistemología socrática dentro de nuestra forma actual de 'conocer' el universo. El concepto aristotélico de las 'oposiciones' se presenta hoy con más fuerza que nunca.

• • •

51.   Nature and Nature's laws lay hid in night:
             God said, let Newton be! and all was light.
                                        —Alexander Pope

La total preponderancia de la perspectiva científica en la actualidad se debe en gran medida a un sólo hombre. El 28 de abril de 1686, Isaac Newton presentó *Principia* ante la Sociedad Real de Londres. Este acontecimiento marcó el triunfo definitivo de la Razón, y de la ciencia experimental[6]. En *Principia*, Newton explicó el comportamiento del universo en términos sencillos pero irrefutables: las leyes básicas del movimiento mecánico y la ley universal de la gravedad. En el mundo mecanicista de Newton, cada acontecimiento se podía predeterminar con precisión. El universo era una gran máquina cósmica cuyas partes funcionaban sin problemas según leyes fundamentales independientes del fluir del tiempo. El universo, o cualquier parte de él, se podía concebir como un sistema cerrado temporalmente reversible el cual era simple, determinista, mecánico, y predecible. De allí un breve salto llevaría al concepto del demo-

---

[6] Tradicionalmente, el término "ciencia experimental" se refiere a ciencias tales como la física, la química, y las astronomía. Sin embargo, esta distinción nítida no es compartida por todos. En "Octavio Paz y la cienciapoesía: convergencias teóricas" (103), Luis Jiménez cita a Octavio Paz cuando dice:
    Hay más de una semejanza entre la poesía moderna y la ciencia. Ambos son experimentos, en el sentido de 'prueba de laboratorio'
    ...

nio de Laplace, a la "física social" de Adolphe Quetelet y al "hombre medio" en la sociología.

52.   La cienciapoesía pone en tela de juicio la perspectiva newtoniana de sistemas cerrados, que aunque válida bajo ciertas circunstancias, no es suficiente para comprender la relación entre la sociedad y la naturaleza. Alvin Toffler, en su prefacio a *Order Out of Chaos* (xv), de Ilya Prigogine e Isabelle Stengers, sin dirigirse específicamente a la cienciapoesía, resume así su perspectiva:

> While some parts of the universe may operate like machines, these are close systems, and closed systems, and closed systems, at best, form only a small part of the physical universe. Most phenomena of interest to us are, in fact, *open* systems, exchanging energy or matter (and, one might add, information) with their environment. Surely biological and social systems are open, which means that the attempt to understand them in mechanistic terms is doomed to failure.

> [En tanto que algunas partes del universo operen como máquinas, éstas son sistemas cerrados, y los sistemas cerrados, en el mejor de los casos, forman únicamente una pequeña parte del universo físico. La mayoría de los fenómenos que nos interesan son, de hecho, sistemas *abiertos*, que intercambian energía y materia (y, se debe añadir, información) con su medio ambiente. Ciertamente los sistemas biológicos y sociales son abiertos, lo cual significa que cualquier intento por comprenderlos en términos mecanicistas llevaría al fracaso.]

En la introducción a su libro *Cienciapoesía* (17), Catalá observa:

> La percepción del mundo como un sistema es un elemento básico. Este paradigma ha hecho cambiar la percepción del universo. Se pasó de la visión del universo como una gran maquinaria a la visión de éste como un conjunto de relaciones complejas, como un ser vivo, pues nosotros somos uno con ese sistema.

Toffler añade que la ciencia misma es "an open system embedded in society . . .its development is shaped by cultural receptivity to dominant ideas" (un sistema abierto incrustado dentro de la sociedad . . . cuyo desarrollo se forma por receptividad cultural de las ideas dominantes.) (Foreword to *Order*, xii). La meta de la cienciapoesía es la de transformar dichas ideas dominantes, "Los elementos para esta transformación ya están elaborados. La *cienciapoesía* es un medio catalítico para este proceso" (*Cienciapoesía* 17). La cienciapoesía intenta transformar la presente epistemología que trata de sistemas cerrados en una perspectiva que trate de sistemas abiertos, una perspectiva ecosistémica que trate de tanto sistema como medio ambiente. Desde el punto de vista de la cienciapoesía, "Las ciencias y las humanidades, ya hemos dicho, se reconocen como subsistemas del sistema sociocultural. Son elementos integrantes del frágil y bello ecosistema que es la Tierra" (*Cienciapoesía* 16).

53.   Las ciencias y las humanidades, como ya se ha dicho, son subsistemas del sistema sociocultural. Dicho sistema sociocultural es, a su vez, un subsistema dentro del medio circundante de la naturaleza orgánica e inorgánica. El tratar de estas relaciones abiertas entre sistema y medio circundante como si fueran relaciones de sistemas cerrados es un error epistemológico que, dado nuestra presente situación, invita al desastre:

> La *cienciapoesía* no puede separarse artificialmente de los componentes de su contorno material e intelectual. Cuando la ciencia lo ha hecho los resultados han sido desastrosos. La lluvia ácida que está aniquilando bosques y lagos es un resultado de esta separación artificial. (*Cienciapoesía* 17)

54.   El error epistemológico que trata de las relaciones de sistemas abiertos como si fueran relaciones de sistemas cerrados se afianzó con el triunfo del 'método experimental'. Este triunfo dio lugar a un cisma definitivo entre las ciencias y la literatura. En adelante, el conocimiento no se encontrará en la producción escrita de autores \ "auctores" sino en el

"mundo sensible." Así como en la edad media si uno pretendía el conocimiento acerca de los cometas tenía que consultar los textos de Aristóteles y Tolomeo, en la edad newtoniana tenía que consultar el cielo. Galileo que, con Keppler y Copernicus, llevó a cabo gran parte del trabajo pionero en el campo de la ciencia experimental, dijo en su *Dialogue Concerning the Two Chief Systems of the World*:

> So put forward the arguments and demonstrations, Simplicio — either yours or Aristotle's — but not just texts and bare authorities, because our discourses must relate to the sensible world and not just to one on paper.

> [Postule los argumentos y demostraciones, Simplicio — o los suyos o los de Aristóteles — mas no únicamente textos y vanas autoridades, porque nuestros discursos han de relacionarse con el mundo de los sentidos y no simplemente con un mundo postulado por escrito.] (113, citado en Paulson 9)

Francis Bacon, reafirmando la división entre el conocimiento que proviene de textos y el que se basa en la observación del mundo sensible, votó por la secesión:

> Let there be therefore . . . two streams and two dispensations of knowledge, and in like manner two tribes or kindreds of students of philosophy . . . let there in short be one method for the cultivation, another for the invention, of knowledge.

> [Dejad que haya . . . dos corrientes y dos fuentes de conocimiento, y del mismo modo dos tribus y dos clases de estudiantes de filosofía . . . en fin que haya un método para el cultivo, y otro para la invención, del conocimiento. (*The New Organon* 36, citado por Paulson 9)

En la epistemología dominante, como se afirma en la cita de Troubetzkoi (6), donde se nota una diferencia, se crea una oposición.

Valorización de las oposiciones

55.   A sign does not simply exist as a part of reality —it reflects
and refracts another part of reality... Wherever a sign is present, ideology is present too.
V.N. Volosinov—*Marxism and the Philosophy of Language.*

Con la separación definitiva de las 'dos tribus', lo
cual originó el auge de las ciencias experimentales, la decisión en cuanto a qué tipo de conocimiento debe ser considerado como "verdadero" cobró implicaciones a nivel global.
Debido a que la separación se situaba dentro de un marco
más amplio, se hizo necesario tomar una decisión. Me refiero a la lógica de la oposición binaria, la lógica detrás de, y
subyacente a, la discusión vis á vis los tipos de
conocimiento. Me refiero al principio racional de la no-contradicción. El conocimiento 'verdadero' tenía que encon-
trarse en ya sea "P" o "no-P", o en las ciencias o en la literatura. La ciencia representa un 'lado', la literatura el otro. Los
románticos, asimismo atrapados dentro del mismo contexto
que requiere que se escoja una entre dos posibilidades
aparentemente mutuamente contradictorias, simplemente se
deslizaron hacia el otro lado de la cerca binaria. En *The
Noise of Culture* (14), William R. Paulson explica:

> The romantics took over the Kantian philosophical ratification
> of a split between science and art, but reversed their places.
> They claimed a congnitive status for what in Kant had been
> merely aesthetic judgement, thereby reversing Kant's valuation
> of the determinative over the reflexive.

> [Los románticos se apoderaron de la ratificación filosófica kan-
> tiana de un cisma entre las ciencias y las artes, mas con una
> inversión de su ubicación relativa. Pretendieron un estado cog-
> nitivo para lo que en Kant había sido simplemente un juicio
> estético, inviertiendo, de esa manera, la valorización kantiana
> de lo determinativo por encima de lo reflexivo.]

Para los románticos, y como vimos en el caso de Nietzsche, el debate ocurre al nivel del mensaje. Se trata de precisar cuál de los dos, o las ciencias o las artes, representa el conocimiento verdadero. El contexto epistemológico que requiere que se haga una selección, se acepta simplemente como un hecho dado.

56.   La cienciapoesía ni disputa la puntación de la relación, ni el nivel del mensaje de la comunicación, sino el contexto de tipo "either/or" (o el uno/o el otro) que insiste en que uno escoja entre o las ciencias o las humanidades. La cienciapoesía no disputa el nivel de mensaje sino el nivel de codificación que establece la relación entre las ciencias y las humanidades.

57.   La necesidad (percibida) de escoger entre las ciencias y las humanidades, y entre los varios conceptos que ellas representan, tales como la emoción y la razón, realidad e imaginación, y ciertamente una perspectiva sea de sistemas cerrados o de sistemas abiertos, se podría someter a un útil análisis en términos del concepto del doble vínculo. En *Man and Woman*, Wilden escribe:

> The oscillations of a double bind involve at least two levels of communication and reality. There is an oscillation between the level at which one alternative is the correct or necessary response and the level at which another is.

> [Las oscilaciones de un vínculo doble involucran por lo menos dos niveles de comunicación y realidad. Hay una oscilación entre el nivel para el que una alternativa es la respuesta correcta o necesaria y el nivel en el cual la otra alternativa es la correcta] (96)

Como ya se ha mencionado, la naturaleza, incluso el subsistema denominado la humanidad, es una tela de araña compleja de sistemas abiertos y cerrados. Los seres humanos funcionan simultáneamente en una variedad de niveles: inorgánico, orgánico, social, y cultural. Para describir adecuadamente la relación sistema/medio ambiente entre la humanidad y la naturaleza, es menester utilizar tanto las ciencias como las humanidades, tanto la emoción como la razón, tanto la lógica pertinente a sistemas abiertos como la lógica pertinente a sistemas cerrados. Sin embargo, dentro del contexto de la epistemología dominante, tenemos que escoger o lo uno o lo otro. Wilden nos explica el por qué de esta necesidad:

> The necessity of choosing is not, however, imposed by the double bind as such; it is imposed by the context that constrains one's relative freedom of response, one's relative diversity of behavior and communication, in dealing with a double bind. Once recognized for what it is, a double bind is always open to some kind of metacommunication or transcendence —it can be strategically enveloped or outflanked— provided the context allows such an innovation, or can be made to allow it.
>
> [La necesidad de escoger no es, sin embargo, impuesta por el doble vínculo como tal; es impuesta por el contexto que constriñe la relativa libertad de respuesta por parte del individuo, su relativa diversidad de comportamiento y comunicación, al tratarse de un doble vínculo. Al ser reconocido como tal, un vínculo doble siempre es suceptible a algún tipo de metacomunicación o trascendencia —se puede encubrir estratégicamente— con tal de que el contexto permita tal innovación, o se puede cambiar de tal manera que ceda espacio a la innovación.) (*Man and Woman* 96-97)

58.   La cienciapoesía es una manera estratégica de encubrir la vieja perspectiva. No rechaza la vieja perspectiva, sino que va más allá de ella, mientras que, a la vez, la retiene como parte de la nueva visión. Desde una perspectiva ecosistémica, la cienciapoesía afirmaría que tanto las ciencias como las artes son subsistemas de la sociedad y la cultura, siendo por eso reduccionista el escoger o la una o la otra ya que ambas son partes de una relación sistema-medio circundante. Invidualmente, ni las ciencias ni las humanidades son capaces de representar adecuadamente todos los aspectos de

la naturaleza, la sociedad y la cultura. Empero, dentro del contexto de la presente epistemología racional, newtoniana, basada en sistemas cerrados, nos damos cuenta de que se requiere el escoger. Esta (percibida) impuesta necesidad de escoger mediatiza la relación entre las ciencias y las humanidades/literatura.[7] Dentro de este contexto, las ciencias y las humanidades aparecerán como opuestos antagónicos. Tenemos que abrazar una y rechazar la otra. Catalá observa:

> el sistema educativo —a nivel formal y a nivel popular— ejerce una función cismática donde se separan las ciencias y las humanidades. Se le enseña al niño a amar a una y temer a la otra. (*Cienciapoesía* 14)

La cienciapoesía no pretende privilegiar una de las 'dos culturas' sobre la otra, sino que procura disputar el contexto que requiere que escojamos entre ellas. En última instancia, la necesidad de escoger está mediatizada por la competencia. La presente epistemología se encuentra en complicidad —¿cómo no pudiera serlo?— con los valores de la ideología dominante. Nuestro presente sistema ideológico de valores se basa en los valores de la competencia, sea dicha competencia entre hombre y mujer, Este y Oeste, o la naturaleza y la sociedad. La cienciapoesía disputa el contexto de competencia que históricamente ha pretendido justificar la explotación de un medio-ambiente por parte de un subsistema a través del convertir sistema y medio-ambiente en pares de opuestos que se excluyen mutuamente, tales como hombre y naturaleza, mente y cuerpo, blanco y no- blanco, colonizador y colonizado, civilizado y primitivo, razón y emoción, y las ciencias y las humanidades. La cienciapoesía asevera que en un mundo finito, no podemos seguir un programa infinito de

---

[7] La percepción de la necesidad de escoger mediatiza también las relaciones dentro de las humanidades. Cada disciplina ha demarcado su propio territorio, el cual está dispuesta a defender hasta la muerte. Hay que ser o filósofo o crítico literario, pero nunca ambos a la vez. Por ejemplo, véase la discusión en *Essentially Speaking,* de Diana Fuss (77-81), acerca del debate entre el filósofo Anthony Appiah y el crítico literario Sunday O. Anozie sobre la aplicación de la teoría filosófica a los textos literarios.

la explotación de recursos naturales, incluyendo los humanos, para lograr metas a corto plazo. La perspectiva que sugiere la cienciapoesía incluye tanto relaciones de sistemas cerrados como relaciones de sistemas abiertos.

La estrategia y las tácticas de la cienciapoesía

59.   Sucintamente expresada, la estrategia es lo que uno quiere hacer, las tácticas son la forma de lograrlo. Como hemos visto, la estrategia de la cienciapoesía es la de reemplazar la vieja epistemología con una nueva, de tipo "both-and" (tanto-como), una perspectiva de sistema abierto que incluya tanto las relaciones de sistemas cerrados como relaciones de sistemas abiertos. El *corpus* de la cienciapoesía es expresión de esta estrategia. Los poemas mismos pretenden implementar esta estrategia. Las tácticas de la cienciapoesía son las acciones, la praxis, de crear un *corpus* de poesía —"introducir las ciencias en la práctica literaria" ("Para una teoría" 215)— que incorpore tanto las ciencias como las humanidades. Esto lo hace al nivel tanto de la teoría como de la práctica. Por eso, la cienciapoesía es una práctica transdisciplinaria. Dice Catalá:

> Con una educación científico-humanística, tanto el humanista como el científico adquieren una ambidestreza intelectual que permite el desarrollo homeostático. ("Para una teoría" 216)

Como ya se dijo (nota 2), para Catalá la homeostasis es un concepto ecosistémico. "Homeostasis es el proceso por el cual el sistema mantiene su integridad" ("Para una teoría" 220). Los ecosistemas naturales y los mentales necesitan mantener su homeostasis para sobrevivir.

60.   En la cita anterior, se ve que tanto la estrategia como la praxis de la cienciapoesía contiene un elemento didáctico. En términos pedagógicos, la cienciapoesía procura establecer

una práctica y una teoría ecosistémicas tanto en sí misma considerada como sistema y en su medio ambiente intelectual. La cienciapoesía pretende recontextualizar el discurso científico y el discurso humanístico bajo un algo nuevo que abarque la epistemología ecosistémica y la ideología. Así dice Catalá:

> La cienciapoesía se sabe parte del sistema ecológico y sociocultural. Es parte interdependiente del equilibrio homeostático de la humanidad... La ilusión óptica de la separación nunca ha existido, excepto en nuestra imaginación. ("Para una teoría" 220)

El poema que sigue sirve para ilustrar la estrategia y las tácticas de la cienciapoesía:

Prolegómeno para la teoría de sistemas

Mi abuela es un sistema abierto
hecho de carne y vitaminas,
de hierro y calcio,
de las protuberancias duna rosa,
de pezones rosados y miel para mi abuelo.

Mi abuela come para seguir anunciando
procesos anabólicos:
un carajal de aminoácidos formando proteínas.
Ella se rebela contra la daga catabólica
libando agua y leche,
devorando una oveja,
tomando el refresco por las tardes.
La anciana hasta se hace un garabato en yoga
por no dejar endurecer cartílagos.

Mi abuela de carne y hueso,
y alma,
es un cálido sistema abierto
que por las noches besa a sus nietos en la frente.

En este poema, Catalá hace hincapié en el hecho de que como seres humanos somos un complejo tanto de relaciones entre la naturaleza inorgánica y la orgánica, como de sociedad y cultura. En última instancia somos constreñidos por la naturaleza inorgánica, el universo que se está expandiendo. La naturaleza inorgánica, y los procesos inorgánicos, suministran "hierro y calcio", para no mencionar la energía solar necesaria para la fotosíntesis de la "rosa", que posibilita la vida orgánica —"aminoácidos formando proteínas". La naturaleza orgánica e inorgánica no llevan entre sí una relación de 'oposición' sino de sistema-medio circundante. La naturaleza inorgánica es el medio circundante que hace posible y sostiene la vida orgánica, incluso los seres humanos. A su vez, la naturaleza orgánica es el medio ambiente que hace posible la sociedad y la cultura —"Mi abuela de carne y hueso, / y alma"—. De nuevo, nos enfrentamos con la relación sistema y medio circundante, y no una relación de oposición —humanidad versus la naturaleza— aunque la epistemología dominante sigue insistiendo en conceptualizar la relación en términos oposicionales de sistemas cerrados. La perspectiva de la cienciapoesía insiste en que los seres humanos son sistemas abiertos que incluyen y, en último análisis, son constreñidos por procesos propios de sistemas cerrados a niveles inorgánicos.

61.   El título del poema se refiere al libro de Ludwig von Bertalanffy, *Teoría general de los sistemas: Fundamentos, desarrollo, aplicaciones*. La teoría de los sistemas, originalmente confeccionada y nombrada por Bertalanffy, marcó el primer desafío serio al newtonianismo desde que el punto de vista organicista y vitalista de Diderot y otros fue sobrevencido en el siglo XVIII (Prigogine 79-85). La teoría de los sistemas reintrodujo el concepto de sistemas abiertos en un mundo mecanicista:

> La física ordinaria sólo se ocupa de sistemas cerrados, de sistemas que se consideran aislados del medio circundante.... Sin embargo, encontramos sistemas que, por su misma naturaleza

y definición, no son sistemas cerrados. Todo organismo
viviente es ante todo un sistema abierto... Es obvio que las
formulaciones habituales no son en principio aplicables al organismo vivo qua sistema abierto... (*Teoría general* 39)

La teoría general de los sistemas, juntamente con los avances
de la cibernética (Norbert Wiener), y la teoría de la información (Claude Shannon) en los años cuarenta del siglo XX,
facilitó la base de una nueva perspectiva, de la cual la cienciapoesía es simplemente una realización. "La cienciapoesía
es parte de la actividad formadora de esta época síntesis"
(*Cienciapoesía* 23). Hablando de la nueva forma de concebir
la realidad, Bertalanffy afirma:

La realidad, concebida de un modo nuevo, se presenta como un
tremendo orden jerárquico de entidades organizadas que va, en
superposición de numerosos niveles, de los sistemas físicos y
químicos a los biológicos y sociológicos. (*Teoría general* 90)

Esta es precisamente la perspectiva esbozada en el poema
anterior. El poema trata de las interrelaciones de los varios
niveles de la realidad, tanto en su contenido manifiesto —el
de la abuela como un ser humano complejo que funciona simultáneamente a múltiples niveles— como en su uso literario
de teoría científica, en este caso la teoría general de los sistemas. El poema es práctica y teoría. La cienciapoesía
procura enseñar promulgando la nueva perspectiva y, a la
vez, pretende invertir los efectos del presente sistema educa-
cional que separa las ciencias y las humanidades, que "Se le
enseña al niño a amar una y temer a la otra". La cienciapoesía
es parte de "la mutación evolutiva que está tomando lugar en
la consciencia de la humanidad" (*Cienciapoesía* 23) en la segunda mitad del siglo XX. A modo de ilustración de la síntesis eco-sistémica que la cienciapoesía pretende promulgar
tanto en teoría como en la práctica, consideremos el siguiente
poema (*Cienciapoesía* 37):

Mi abuela y el ecosistema

Doña Mercedes sale a regar por las mañanas
la raíz del cerezo
El agua cuestabajo sube hacia las hojas,
se persigna y salta del aire al sol
volando hacia una nube.

Duerme por días en almohadas de pluma,
viaja en litera por dos o tres semanas,
llega a los montes de maíz
y se desmonta, turista,
a saborear los surcos destos campos.
Luego, se zambulle en lo profundo
de la tierra
a descansar por siglos en acuífera.

Las gotas de agua tienen a mi abuela por agencia de viajes.

A un cierto nivel, este poema describe un ciclo hidráulico de la tierra, un ciclo de precipitación y evaporación causado principalmente por la energía del sol y la rotación del planeta. A nivel inorgánico, el sistema sol-tierra es, efectivamente, un sistema cerrado. No necesita el suministro de nueva materia-energía para sobrevivir, aunque, según la segunda ley de la termodinámica, continuará cambiando en la medida en que la entropía positiva se desarrolle dentro del sistema, sobre todo en el sol. A la vez, el orden de la naturaleza orgánica, representado éste por la abuela, el cerezo y el maíz, sí necesita el suministro de nueva materia-energía (e información) para mantener la homeostasis, es decir, para evitar el desorden predicho por la segunda ley de la termodinámica. La relación es la que existe entre sistema (la naturaleza orgánica) / medio ambiente. El agua en la acuífera es necesaria para la sobre-vivencia del sistema, y no para la sobrevivencia del medio circundante. Un error por parte del agente de viajes significa un desastre no para el viajero, sino para el agente. La relación evocada no es una de competencia, sino una de coo-peración necesaria (desde el punto de vista del sistema).

62.   Este mensaje de síntesis se transmite no únicamente en el contenido del poema sino también en el aspecto relacional del poema. Me refiero a la relación entre las ciencias y la literatura. A un tema supuestamente 'científico', el ciclo hidráulico del planeta, le confiere un rostro humano y comunicado a través de un poema. Las ciencias y la literatura convergen para realizar una función sintetizadora en lugar de una divisiva. No hay que "amar a la una y temer a la otra", ya que ambas se ven como parte del mismo continuo socio-cultural. Así el aspecto relacional del mensaje es congruente con el aspecto de contenido del mensaje. El poema hace lo que dice, si se quiere. Como último ejemplo, consideremos el siguiente poema (*Cienciapoesía* 30):

El humilde neutrino

El neutrino es ciego y sordo,
tanto y mucho olvidadizo,
al punto que no te ve, y te traspasa

Un leptón famoso, el neutrino
no siente e ignora la fuerza fuerte,
es hijo de débil fortaleza,
e ignora la electromagnética señora.
Es el más común habitante que hizo Dios
y que a su vez es Dios

El universo es un mar de neutrinos
—este señor omnipresente que domina la gravedad del cosmos.
Lo demás, flota en sus ondas.

Hoy se sabe que tienen un tin tin de masa,
y aunque son superficialmente inofensivos,
lector, te pasan lado a lado y no te tocan.

Ese tin tin de masa puede, un día, obsesionar el universo
a una locura
y hacerlo desplomar sobre sí mismo.

63.   Considerado a un cierto nivel, este poema desempeña la función educativa de comunicar información acerca de partículas subatómicas en general, y neutrinos en particular: su tamaño, su frecuencia relativa, sus características interactivas en términos de las cuatro fuerzas (fuerte, débil, electromagnética y gravedad), el hecho de que son (en el caso de neutrinos) leptones, y ramificaciones posibles de la teoría del "big bang" relacionadas con el universo, o sea el hecho de que se puede "desplomar sobre sí mismo" en el futuro. A otro nivel, el poema muestra algo de la realidad de la verdadera relación entre la humanidad y el cosmos, o sea la relación entre la naturaleza inorgánica que constriñe y hace posible la existencia de la naturaleza orgánica. Asimismo, el poema pone de manifiesto que las ciencias y la literatura no tienen que ser mutuamente exclusivas, que no tenemos que amar la una y temer a la otra, porque ambas se integran en el poema. Vemos la ciencia presentada en un contexto literario, y a la vez la literatura se presenta de tal manera que se puede entender en un contexto científico. La relación planteada en el poema aparece como de interrelación entre las 'dos culturas', entre las ciencias y la literatura.

Conclusiones

64.   La reflexión, si es verdadera reflexión
                         conduce a la acción. —Paulo Freire

        Hemos visto que la cienciapoesía, como una realización de un movimiento general que está tomando lugar en la segunda mitad del siglo XX, procura envolver estratégicamente la epistemología y la ideología dominantes que han regido en Occidente los últimos trescientos años. Esta 'revolución', si se quiere, alcanzando muchos campos, se basa, en último análisis, en convencer al mundo de un hecho básico: que el sistema abierto que destruye su medio ambiente últimamente se destruye a sí mismo. La estrategia de la cienciapoesía consiste en llevar a cabo un cambio básico en la manera según la cual concebimos nuestra relación con los demás y con el universo. Las tácticas de la cienciapoesía estriban en crear, en su praxis, un reflejo (y una reflexión) de esta nueva perspectiva. La esperanza de la cienciapoesía es que esta nueva perspectiva haga posible cambios no únicamente en nuestras teorías, sino también en nuestras acciones.

Obras citadas

Bateson, Gregory. *Steps to an Ecology of Mind: Collected Essays in Anthropology, Psychiatry, Evolution, and Epistemology.* New York: Bantam, 1972.

Boas, George. *Some Assumptions of Aristotle.* Philadelphia: Transactions of the American Philosophical Society for Promoting Useful Knowledge, 1970. New Series: vol. 49, part 6.

Catalá, Rafael. *Cienciapoesía.* Minneapolis: Prisma Books, 1986.

_____ "Para una teoría latinoamericana de las relaciones de la ciencia con la literatura: la cienciapoesía". *Revista de Filosofía* 28. 67-68 (1990): 215-23.

Fuss, Diana. *Essentially Speaking: Feminism, Nature, and Difference.* New York: Routledge, 1989.

Jiménez, Luis A. "Octavio Paz y la cienciapoesía: Convergencias teóricas". *Ometeca* 1.2 - 2.1 (1989-90): 103-18.

Nietzsche, Friedrich. *The Birth of Tragedy and The Case of Wagner.* Trans. Walter Kaufmann. New York: Vintage, 1967.

Ogden, C. K. *Opposition: A Linguistic and Psychological Analysis.* New York: Midland Books, 1967.

Orlando, Francesco. *Toward a Freudian Theory of Literature: with an Analysis of Racine's Phédre.* Trans. Charmaine Lee. London and Baltimore: Johns Hopkins University Press, 1978.

Paulson, William R. *The Noise of Culture; Literary Texts in a World of Information.* Ithaca and London: Cornell University Press, 1988.

Prigogine, Ilya and Isabel Stengers. *Order out of Chaos: Man's New Dialogue With Nature.* New York: Bantam Books, 1984.

Rifkin, Jeremy. *Entropy: Into the Greenhouse World.* New York: Bantam Books, 1989.

Shannon, Claude E. and Warren Weaver. *The Mathematical Theory of Communication.* Urbana: University of Illinois Press, 1964.

Snow, C. P. *The Two Cultures and the Scientific Revolution.* Cambridge University Press, 1959.

Steiner, George. *Antigones.* Oxford: Clarendon, 1984.

Troubetzkoy, Nikolai. *Principes de phonologie.* Trans. J. Cantineau. Paris: Klincksieck, 1970.

Volosinov, V. N. *Marxism and the Philosophy of Language.* Trans. Ladislav Matejka and I. R. Titunik. Cambridge, Massachusetts and London: Harvard University Press, 1973.

Von Bertalanffy, Ludwig. *Teoría general de los sistemas.* Trans. Juan Almela. México: Fondo de Cultura Económica, 1987.

Wiener, Norbert. *Cybernetics, or Control and Communication in The Animal and the Machine.* Cambridge, Massachusetts: MIT Press.

Wilden, Anthony. *Man and Women, War and Peace.* London: Routledge & Kegan Paul, 1987.

_____ *System and Structure: Essays on Communication and Exchange.* London: Tavistock, 1972.

_____ *The Rules Are No Game.* London: Routledge & Kegan Paul, 1987.

El 0 al desnudo en la poesía de Rafael Catalá

Matías Montes-Huidobro
University of Hawaii at Manoa

65.   En la poesía de Rafael Catalá nos encontramos, como él mismo lo define en su introducción a *Cienciapoesía* [Cp], que su obra lírica, como reflejo de su teoría poética, la cienciapoesía, es una práctica "que al ser examinada reditua sus cimientos: una síntesis de dos sistemas supuestamente antagónicos: las humanidades y las ciencias, la teoría y la creación, la razón y la vida —como diría Unamuno" (Cp 14). El addendum unamuniano no es accidental, sino esencial, porque en Catalá hay una preocupación metafísica que es determinante de su sistema lírico. En este proceso, hay una preocupación humanística y social que apunta con frecuencia hacia Dios, pero que otras veces se distorsiona y descaracteriza a sí misma mediante un gesto que va del humorismo al grotesco, como evitando cualquier sentimiento trágico en el linde con la nada. Como señala el propio Catalá "se escriben una serie de poemas, y poco a poco, cuando miramos en retrospecto, vislumbramos los diferentes elementos de la infraestructura donde monta el edificio" (Cp 13). Humanismo cristiano y acción revolucionaria se confrontan en un "edificio" creador donde el conjunto de factores de esta postmodernidad en que vivimos, ciencia y tecnología, nos quiere

moldear a imagen y semejanza, en un doble movimiento de atracción y rechazo.

66.   Este decursar creador va evolucionado de forma gradual en tres poemarios significativos: *Círculo cuadrado* (1974) [CC]. *Ojo sencillo/triqui traque* (1975) [OT] y *Copulantes* (1980) [Co]. Pero la aparición de *Cienciapoesía* (1986) muestra nuevos derroteros, que aunque ya están esbozados en los textos anteriores, adquirirán una más clara definición en este momento, cuando Catalá precisa de una manera más decidida la presencia de dos voces aparentemente opuestas que la postmodernidad ha integrado en una sola. Estos dos sistemas lírico-narrativos configuran las bases de la retórica creadora contemporánea y establecen las reglas de un nuevo lenguaje poético, del cual Catalá es un caso representativo. "Scientific language is actively opposed to the language-game of narrative, which is associated with ignorance, barbarity, prejudice, superstition and ideology" (Connor 29). Esta antinomia, lleva a una posición que requiere la revalorización del lenguaje poético el cual busca en su oponente la credibilidad que sirva de fundamento a la autoridad. Se trata en definitiva del derecho de juglaría, perdido, cuya jerarquía ha sido desplazada dentro de la escala de poder.

67.   Juan Goytisolo enfoca la atención en estos problemas, que afectan directamente a la razón de ser de Catalá como poeta, cuando en el prólogo a *Ojo sencillo/ Triqui traque* se hace las siguientes preguntas: "¿Cuál es el papel de la poesía en la sociedad en que nos ha tocado vivir?" (5) "¿Qué significa, en efecto, el quehacer poético en un período en que nuevos procedimientos y medios de comunicación han despojado a la literatura de sus antiguos privilegios...?" (5). Este desplazamiento coloca al poeta en una condición precaria. La autoridad del juglar que cuenta una historia y que la deforma, convirtiéndose a la larga en la voz histórica, cuya épica evoluciona en el período romántico con el romance histórico, convertido en acto de fe, ha sido desplazada por una estructura de poder tecnológico y económico que

coloca a los géneros literarios, poesía, teatro y narrativa, en una posición insegura, dándole a la televisión y al cine (controlado por el capital) una postura de preeminencia y de poder. La voz del poeta no tiene ya la autoridad que les dio la épica y el romanticismo, por ejemplo, asociada a un quehacer histórico, medieval o decimonono, ligado en el primer caso, en las letras hispánicas, a oficializar las gestas españolas de reconquista, conquista y colonización; en el segundo, a una activa revolucionaria romántico-burguesa que va desde las barricadas parisienses en las cuales luchó Espronceda hasta la causa independentista de Martí. Se trataba de una actividad lírica funcional, aunque no resultara siempre estéticamente lograda. En este siglo, hacia las décadas del sesenta y el setenta, tras el triunfo de la revolución cubana, la voz del poeta se identifica con la función de "francotirador o guerrillero" (OT 6). Pero esta perspectiva, en la cual el poeta vuelve a asumir una posición activa en las barricadas, sufre posteriormente un golpe desconcertante con el fracaso, la inoperancia y la propia intolerancia del marxismo. En Catalá, la dirección mística, transida de humanismo social-cristiano que se pone de manifiesto en los primeros poemarios, se va volviendo una voz más agresiva cuando llega a *Copulantes*, que es un texto muy definitorio. Los nexos explícitos con la teología de la liberación muestran un deseo de funcionalidad histórico-lírica.

68.   Política, economía y estética están profundamente interrelacionados en todo lo que venimos diciendo, ya que en definitiva todo se reduce, como afirma Lyotard, a que la única meta que tiene credibilidad es el "poder" (48). Este "poder", hoy por hoy, es tecnológico y capitalista. El cine en este sentido ocupa una posición privilegiada en la determinación del canon artístico, asociado a una tecnología avanzada que es, forzosamente, capitalista. La estética fílmica abraza la "ideología" del capital que pasa a controlar el mundo, y se puede decir que la estética colectiva de hoy está en manos de la filmografía y la televisión norteamericanas, cuyo alto grado tecnológico empequeñece todas las otras empresas de comunicación estética. El arte de la comuni-

cación se reduce hoy en día, en su inmensa mayoría, a la comunicación de los intereses de las grandes corporaciones que lo controlan todo. "Students of culture most be aware that this 'imposition' of one reality on another is, in effect, a violation of a basic historical principle" (Romano 437), aunque lamentablemente sea un hecho consumado. Esto puede darnos una somera idea de la crisis del individuo como escritor y la patética circunstancia en que se encuentran el teatro y la narrativa pero, muy en particular, el poeta y la poesía.

69.   Esta situación es un hecho definitorio y definitivo de nuestra circunstancia, lo que explica la importancia de legitimar el lenguaje poético a través de la voz científico-tecnológica, que tiene una autoridad de la que carece la lírica. El movimiento de la Nueva Crítica, que se desarrolla en los los Estados Unidos de los años cuarenta a los sesenta contribuye a esta percepción científica del lenguaje poético: "If a poem could be seen as an independent linguistic object, it could be studied scientifically" (Stanton 12). Dada la impotencia de la voz lírica dentro de la realidad cultural, la autoridad de la voz científica crea un sistema compensatorio. Cada voz responde a una diferente estructura de poder (o a su intento de ruptura y subversión) y le da una diferente consistencia histórica, pero la realidad contemporánea pone al poeta en una situación particulamente crítica y marginal. La ciencia-poesía, como teoría poética expuesta y practicada por Rafael Catalá, propone una participación más activa. En la "advertencia" que hace el autor al principio de *Círculo cuadrado*, Catalá pone de manifiesto la importancia de este libro, no sólo en el orden cronológico, ya que es anterior a *Ojo Sencillo-Triqui-traque*, sino que le da crédito por su paternidad, y además lo proyecta hacia adelante, debido a que de este texto "han nacido otros libros que mostrarán su cara en el futuro" (CC 6). El libro se inicia con una invocación cristiano-humanista, aunque no es éste, en líneas generales, el carácter dominante. La importancia genética que el autor le atribuye al poemario, nos lleva a concentrar nuestra atención inicial en algunos aspectos del mismo, que viene a ser, como

en uno de los primeros poemas del libro, "la palabra del fondo de la estrella" que "desteta la noche" (CC 11). La consistencia cósmica de la imagen la coloca en un espacio último: un acto de "fe" que "no vacila. Enristra hacia la noche / abre una brecha y se levanta" (CC 11). Este poema es determinante de una actitud poética donde ya están presentes, aunque todavía no lo hace sistemáticamente, el texto ("palabra"), el cosmos ("estrella"), la conciencia religiosa ("fe") y en particular la actitud agresiva ("enristra"), elementos todos que se conjugarán a su vez en textos subsiguientes.

70.   En *Círculo cuadrado* la credibilidad de la palabra poética descansa en factores esenciales de la línea, que se toma, a partir del título, como la base científica de la propuesta. Parte la misma de una oposición geométrica que se unifica en la palabra. Su percepción de la unidad se mantendrá a lo largo de su evolución lírica: "Su poesía intenta derribar las barreras que nos creamos a través de los sentidos, prejuicios o conveniencias, y que nos separan y no permiten captar esa indivisible unidad" (Nieves 48). Aunque todavía en este poemario no ha definido Catalá el principio de la "cienciapoesía", ya es posible afirmar, como Arrowsmith hará después con referencia a *Cienciapoesía*, que "Catalá's theory and practice are the best examples of the value of the divergent unification of two well-developed paradigms in such a way as the result is more than simply their sum" (Arrowsmith 80). El lenguaje concilia la antinomia propuesta por el nombre y el adjetivo, desmintiendo el significado explícito en cada término. Esta oposición define gran parte de la búsqueda de toda la poesía de Catalá, porque su identificación con el credo poético de la "cienciapoesía" nace de un afán de yuxtaposición de lo aparentemente irreconciliable, que al conciliarse configura una identidad postmodernista. Al descansar este primer poemario en la veracidad esencial, filosófica, de la abstracción lineal, Catalá define una palabra que no puede conciliarse con el barroquismo lírico sino con la esencia de la linealidad. Esta esencialidad es siempre trascendente, y en *Círculo cuadrado* está identificada con otra cuadratura circular: Dios-Hombre. Dios es el círculo del

Hombre, establecido implícitamente en el primer poema del libro.

71.   Pero es la triangularidad lo que domina como punto de partida genético y como infinito. Aunque para Orlando José Hernández, se trata de "la parodia de los números tridaceos", complementada con "una abolición de las antinomias facilonas" (18), nos inclinamos a considerar que no se trata de un tratamiento paródico y que el "nosotros" es una antinomia esencial, perfectamente válida.

> la noche camina
> y yo con él
> y nosotros con ella
> en triángulo de espejos
> nos tocamos
> y nos perdemos en el infinito (*Id I,* CC 21).

El "yo" y el "él" del segundo verso forman el "nosotros" del tercero, y los dos sujetos unidos en el plural, confluyen en el tercer agente, "noche". Estos elementos componen los lados del triángulo, que no es uno, sino múltiple, gestando una galaxia de espejos en movimiento absoluto, "infinito". Enfáticamente, la última parte del poemario muestra la supremacía de la tringularidad, lugar de residencia lírica: "la casa del triángulo".

72.   El triángulo es la figura dominante en la geografía lírica del cuadrado y el círculo.

> Otro resplandor
> refleja en el cristal
> malaxar de átomos.
> Dios está solo.
> Tú y yo solos.
> Juntos solos (*otro resplandor,* CC 49).

Nuevamente el "tú" y el "yo" configuran el "nosotros" vueltos un "solo" que a su vez es Dios, multiplicado al infinito en un "cristal", que equivale al "espejo" del poema anterior. Se trata, además, de un principio numérico asimilado a través de la geometría del lenguaje poético.

73.   Esta consistencia geométrica del lenguaje, se complementa con una lógica matemática donde reside también el significado de lo trascendental. Aunque "el cántaro de tres cantos" es en un primer nivel un juego verbal, su matemática tiene la fuerza de una elementalidad trascendente, que es la "potencia del tres", establecida al principio del poema y confirmada hacia el final:

> La Trinidad, tres en uno
> el hombre, uno en tres
> Adán está en Eva
> Eva está en Adán
> dos que son uno
> uno que es tres (CC 45).

Rafael Catalá conjuga en este caso, un trascendentalismo que teniendo su base en el número, entra no sólo en la concepción de Dios sino en la interpretación genética, muy sutil, de la creación. Configura, matemática y líricamente, un acto bíblico creador, generatriz, donde yace una convivencia sexual que puede interpretarse en la conjunción tradicional Adán-Eva-Dios —dos en la unidad de Dios—, o en la terminología de una dualidad erótica dentro de cada núcleo generatriz de naturaleza bisexual que configura al Hombre: ecuación matemática simple. De esta forma la retórica lírica se edifica mediante la retórica matemática para llegar a la interpretación del mundo. Ambos componentes quedan conjugados en una metafísica de la sexualidad que es el objetivo del poema. "Scientific language" (en este caso, lenguaje matemático) y "language game" dejan de tener funciones opuestas y realizan funciones complementarias.

74.   Esta concepción evoluciona al "ojo sencillo" que sirve de título parcial a *Ojo sencillo/Triqui traque*, donde el "yo soy en Él" (18) configura una trilogía:

> Es Padre-Madre en mí
> Yo en Ella Él
> que es Él Ella en mí (OT 18).

Catalá lucha por conjugar pronominalmente una fórmula matemática de lo que uno es, que es un ser en Dios. Pero esta función genético-matemática de la poesía busca caminos que no se satisfacen en la relación trascendente, dando un salto a lo inmediato, aunque aplicando también una aritmética en la cual se busca el descubrimiento de la verdad. Esto se pone de manifiesto en "el revolucionario" de *Ojo sencillo/ Triqui traque*, en el cual un sistema de adición y substracción compone el poema hasta el penúltimo verso, donde la fórmula matemática se rompe mediante una eyaculación genética de sobrevivencia:

> 13 veces murió
> y 13 lo mataron
>
> 13 veces fue al monte
> y 13 lo sacaron
>
> 13 veces habló
> y 13 lo callaron
>
> 13 libros escribió
> y 13 le quemaron
>
> 13 veces mató
> y 13 lo mataron
>
> 13 veces luchó
> y doce lo pararon
>
> Una vez se pensó
> y las fuerzas unidas de su ser
> lo eyacularon (OT 10)

El acto biológico, que es un número uno vuelto genética mental, constituye un principio creador que se impone sobre el conjunto de fuerzas coercitivas que estuvieron a punto de triunfar en su objetivo aniquilador. La identidad total del hombre sobrevive gracias a una conjunción que es biológica, matemática y espiritual; fórmula utilizada por Catalá en la creación de su criatura lírica.

75.   Ya desde *Círculo cuadrado*, Catalá se define colectivamente cuando identifica su habitat al decir:

> Vivir es ser reflector
> del propio sueño
> en casa de los desterrados (10).

Su residencia en la tierra es "casa de los desterrados", que, como buen destierro no se limita a una geografía. Nacido en Cuba y residente en los Estados Unidos desde muy joven, hay en Catalá un reducto de cubanía y destierro que trasciende el lugar común, concertado con un destierro más amplio que no es nacionalista sino ontológico. Pero el poeta vive allí, en esa casa común a muchos, donde su función consiste en el acto de iluminar mediante la vivencia: él es reflector de sí mismo, pero no de una existencia física palpable a primera vista, sino de una existencia de otra celularidad, la del sueño. Se trata de una evanescencia en donde la materialización de la luz proyecta, a los otros desterrados, la identidad de lo soñado.

76.   Esta casa común de los desterrados, es el centro de la luz, ya que está formada por una conjugación de haces verbales que proyectan el sueño de cada cual. El acto de vivir mediante el reflector de sueños (lírica, prosa, teatro = escritura) configura un mundo, en el cual Catalá habita. El principio generatriz de *Círculo cuadrado*, y en particular de este poema, se pone de manifiesto después en un poema de intelectual cubanía, reflector de sueños, que le sirve para la construcción total de un colectivo lírico. Tal es el caso de "Albricias cubanas", publicado en *Copulantes*, texto que "nace del trabajo que viene gestándose en dos libros anteriores... es el ser mestizo —en todos sentidos que somos, y el despertar consciente de las raíces que nos forman" (Co 9).

Efectivamente, cada obra creadora de un escritor encierra componentes genéticos que, acoplados con otros, son los que gestan en acto de copulación constante, de orgasmos de la creación, nuevos textos, donde se pueden descubrir las leyes de la herencia y la influencia del medio durante el proceso de la gestación. Esto explica la evolución y los resultados de los acoplamientos de palabras. Si "la palabra del fondo de la estrella" "alumbra las noches", "abre una brecha y se levanta", "reflector" de su "propio sueño" (y de los otros); "la casa de los desterrados", galaxia de fuegos, da a la luz el parto exuberante de "albricias cubanas", donde "esta trabajada toda la nostalgia del origen" (Céspedes 10), convertida en acto de fe y tributo a la palabra.

77.   La nacionalización de estas albricias es popular e intelectual, porque lo cubano, como lo español, tiene esa tendencia de hacer cohabitar lo popular y lo culto —como ocurre de hecho en la poesía de Catalá, en que confluyen, copulan, algunas veces, no todas, el "choteo" y la "circunspección" de lo más ilustre de nuestros genes. Por estas razones, y por el hecho adicional de que algunos "reflectores" de mi "propio sueño", como habitante de la "casa del desterrado", forman parte del vivir colectivo del poema, "Albricias cubanas" es un poema en que nos interesa detenernos un poco más.

78.   El poema queda definido como acto geológico e histórico desde los primeros renglones. Conviviendo textos con textos en apretada interacción, adapta y afirma: "Cuando yo no era la isla no existía / ecuestre susto" (Co 66); es decir: una geología por hacerse y una colonización biológica llevada a efecto metafóricamente por el "ecuestre susto" de "faunos con explosivos penes desflorados" (Co 66) que se transforman en "gran afán de penes salto de los galeones" (Co 66).   El resultado del proceso genético no se hace esperar; "saltaron los criollos cubanitos" (Co 66). Esta síntesis de la génesis nacional cubre cuando menos un par de siglos de la conquista y colonización, genética sangrienta pero en parte algo festiva (cuando menos para una buena parte de sus

participantes) de la historia nacional, que Catalá capta con "humorismo genético" (propuesta posible para aproximarse a muchos de sus textos).

79.   El poema está formado por un conglomerado de textos de otros autores cubanos, algunos de ellos fácilmente reconocibles y otros que escapan a mi erudición y a mi memoria. Pero en todo caso es Catalá quien hace la reconstrucción y determina el carácter de estas albricias, definidas por su raíz intelectual y popular, básicamente verbal, donde otros poetas ponen palmas, guayabas y cocoteros. En lugar de ser una cornucopia de frutas tropicales al estilo de Silvestre de Balboa, es una cornucopia de escritores, "reflectores de sus propios sueños", que Catalá retoma y une dramáticamente, yuxtaponiéndoles y dándoles una nueva "casa": la casa del destierro de Rafael Catalá, la "casa de los desterrados" que anticipo el libro anterior. Esta casa es la de todos y es la insular:

> Pero estoy allí y aquí, aquí y allí, porque no hay
> dos: como el anillo de oro, si se le quita el
> redondo deja de ser anillo y si se le quita el oro
> lo mismo, ni la una ni la otra puede quitarse por
> eso con tanto maltrato y todo sigo allí y aquí, y
> aquí y allí. Indivisible, única (*Albricias cubanas,* Co 69-70).

80.   El "humorismo genético" de Catalá no debe pasarse por alto, ya que es una condición que asalta el texto lírico y le da una seña de indentidad inesperada.

81.   Hemos visto que la poesía de Catalá se muestra preocupada por lo trascendente y lo humanístico, lo que lo lleva a una interacción con Dios y con el Hombre. Esto lo hace un poeta con una autoconciencia poética muy definida, con un credo que encuentra en la cienciapoesía una definición formal. Y sin embargo, esto no excluye que, efectivamente, la poesía de Catalá tenga también una consistencia paródica. De un giro inesperado surge a veces una carcajada poética

que rompe con el orden jerárquico, como ocurre con este poema de *Ojo sencillo/Triqui traque*:

> La mano existencial extiende
> su dedo central
> al universo,
> se dobla lantamente,
> se vuelve a enderezar,
> y se levanta y...
>
> se crean los ojos
> se crea la nariz
> se crea la boca
> emerge el concepto labios
> y brota tremenda carcajada (22)

Catalá esta tirando a "choteo" la creación del mundo, poniendo en la mano de Dios una señal profana, irreverente. Pero a imagen y semejanza, el Hombre funciona en la medida de Dios, y el "humor genético" del poema revierte la señal a través de la carcajada. La burla se vuelve gesto mutuo y la antipoética determina el mensaje de la poesía. La interacción unamuniana es, efectivamente, paródica, carcajada del hombre ante la eyaculación creadora de una divinidad que engendra con dedo fálico.

82.   Entre *Copulantes* y *Cienciapoesía* hay una transición fundamental en la obra de Catalá. El primero es mucho más directo, lo que explica que Ofelia García, al interpretar la obra del poeta hasta la publicación de *Copulantes*, haya comentado que "his works reflects a literary praxis that leads to the universal search for the liberation of all opressed people of the world" (García 59). Pero, en nuestra opinión y a pesar de cualquier otra posición teórica, *Cienciapoesía* trasciende este nivel de acción directa. En este poemario la conciencia ecológica del orden universal es un imperativo armónico, una realidad definitiva, que está por encima de todo y es lo dominante. Aunque Catalá "cannot fail to note the dangers of our age —the ecological disasters, the blindness of corporate heads, the social and political underdevelopment

of the great technological powers..." (Cabral 13), hay un
cambio en la actitud lírica. Todo el libro es el resultado de la
concientización de estos peligros, pero en última instancia la
acción propuesta, la liberación, está en manos del "humilde
neutrino", y todo movimiento conduce al "significado de la
vida". "Catalá da una solución basándose en la física cuántica que se mueve hacia una unificación totalizante con la
evolución humanística de nuestros tiempos (Jiménez 106).
El orden no puede violarse y la propuesta de Catalá es, para
mí, trascendiendo el nivel de *Copulantes*, una advertencia de
revolución ecológica de unos neutrinos que han perdido su
capacidad de resistencia y deciden tomar la ley por su cuenta.

83.   El mundo lírico de *Cienciapoesía* está poblado de pe-
culiares criaturas que viven dentro de una cosmología cataliana, cuyas leyes determinan la cópula entre los dos componentes nominales del título, unificados en una relación ama-
toria. El propio Catalá explica, en el prólogo, las bases doc-
trinales de una obra que conjuga mediante la ciencia y la
poesía toda una metafísica:

> Otro ejemplo es el isomorfismo sistémico. Por ejemplo, la
> lengua española consta de veintiocho letras más los signos de
> puntuación. Las letras se pueden ordenar para formar palabras
> y oraciones. La letra en sí misma no toma carácter o signifi-
> cado sino hasta que se agrupa con otras letras u ocupa por sí
> sola un lugar entre las palabras —como la conjunción "y". Lo
> mismo sucede con las partículas fundamentales: los quarks, los
> leptones y los gluones. Estas son el alfabeto de la naturaleza.
> Con este pequeño alfabeto se crean palabras, los átomos. Estas
> "palabras", dentro de sus leyes forman libros y bibliotecas
> hechas de "oraciones moleculares". Nuestros cuerpos son li-
> bros en esa biblioteca catalogados por la organización de sus
> moléculas. El universo como una literatura es más que una
> metáfora, pues ambos son sistemas de información (CP 16).

84.   "El significado de la vida" puede usarse como modelo práctico de la teoría lírica, donde está encerrado todo el
sistema de información metafísica del poemario. Otros poemas, como "Metafísica de la cebolla", ofrecen variaciones

sobre el mismo tema, donde la búsqueda del significado último (metafísica) a través de lo inmediato (cebolla) determina
el "sistema" del poeta, ya mire a un mar de neutrinos, a su
abuela o al cosmos. "El significado de la vida" es un poema
representativo de los conceptos catalianos en torno a la cienciapoesía ya que conjuga los dos sistemas mediante dos átomos (el número 0 y la palabra cero) que fundamentalmente
son iguales. El título apunta a un significado absoluto, que
responde sin embargo a una circunstancia individual de aquel
que contesta a la pregunta.

> Respondió sin saberlo de 0 a cero
> caminando
> caminando adelantó de cero a cero
> corrió
> corrió a cero
> camina de cero a cero
> camina
> camino en cero (Cp 82).

El primer verbo del poema supone la existencia de un sujeto
determinado, reconocido como tercera persona por la
desinencia verbal, pero cuya ambigüedad se establece en el
último verso. La acción verbal que propone el poema surge
de una respuesta a una pregunta, que es en sí misma una in-
cógnita, ya que no se hace, pero que implícitamente parece
ser la respuesta al título del poema. Esta pregunta trascendente y directa, como corresponde al hecho y significado de
vivir, encuentra su respuesta en un movimiento que se anula.
La respuesta lírica se establece a partir del 0. El 0 se vuelve
el objectivo de la acción, la acción misma, el tiempo y el espacio. En el primer verso se presenta matemáticamente
desnudo, 0, para revestirse gramaticalmente at final del
verso: cero. 0 y cero son y no son una misma cosa, y al ser
dos que es uno, constituye la expresión copulante de la
ciencia y la poesía. Son partículas primigenias de dos sistemas que son un sistema. El cero tiene a su vez otras du-
plicidades ya que es el punto de partida, el punto de la

movilidad (inútil) de los dos supuestos traslaticios (caminar, correr) que no van a ninguna parte en una absoluta negación de su aparente función. El sistema numérico y el verbal quedan identificados en un sistema único rompiendo las barreras de la ciencia y la poesía.

85.   Lo ocurrido en "El significado de la vida" lo explica Catalá en "Sólo es el baile":

> Todo está unido por relaciones
>   que no se ven
>   que si se ven
> Quánticos campos dicen quel tacto ya no es el tacto,
> que nuestros pasos no son los pasos:
> no hay bailarines, sólo es el baile (Cp 54)

El "baile" (quark en el axis de la mente del programador lírico) ocupa aquí la posición del "0". La negación aditiva (dictaminada por "quánticos campos") lleva a la siguiente matemática lírica del

tacto + pasos + bailarines = no tacto - no pasos - no bailarines = baile (=cero=0)

86.   Una conciencia lúdica evita que toda esta metafísica negativa (0) desemboque en la angustia, sino más bien en un regocijo de vivir. Pero no se trata del juego insustancial de la poesía concreta; es, en su caso, un "functional play, which as a purpose beyond of that of simply wishing to impress or divert" (Hutchinson 18). La caracterización de los componentes poéticos tiene una meta, aunque no difiera en una cierta semejanza lúdica; ya sea el caso de un neutrino, un fotón y un muón, o el de un zapato, una cebolla o un pie. Esto lo lleva a utilizar un sistema caracterizador, entre las cuales "el humilde neutrino" está dotado de una gracia antológica:

> El neutrino es ciego
> tanto y mucho olvidadizo,
> al punto que no te ve y te traspasa.

Un leptón famoso, el neutrino
no siente e ignora la fuerza fuerte,
es hijo de débil fortleza,
e ignora a la electromagnética señora.
Es el más común habitante que hizo Dios
y que a su vez es Dios

El universo es un mar de neutrinos
—este señor omnipresente que domina la gravedad del cosmos.
Lo demás, flota en sus ondas
Hoy se sabe que tienen un tin tin de masa
y aunque son superficialmente inofensivos,
lector, te pasan lado a lado y no te tocan.

Ese tin tin de masa puede, un día, obsesionar el universo
a una locura
y hacerlo desplomar sobre sí mismo (Cp 30)

Poesía lúdico-metafísica, el neutrino, partícula desprovista de carga eléctrica, de masa muy pequeña, es concebido como personaje, en la misma medida que la abuela, con otros componentes orgánicos e inorgánicos, forma parte de la substancia total del mundo, dentro de la cual también flota la poesía como si fuera un neutrino. En realidad, la densidad del neutrino es la de la lírica, que ajena a toda relación electromagnética, flota y nos traspasa. La humildad del neutrino, a pesar de ser un leptón famoso (en contraste con la "electromagnética señora" y el universo "señor omnipresente") le da una consistencia grácil, infantil, con su "tin tin de masa" y la textura invisible de minifantasma, haciéndonos percibir el mundo de una manera juguetona, aunque no exenta de (conciencia ecológica) peligro apocalíptico: "hacerlo desplomar sobre sí mismo". El muón, que "padece de mareos y decae en dos millonésimas / de segundo" (Cp 33) o el informal fotón, "que espera ansioso / la señal de correr" (Cp 31) y luego no lo hace, se unen al neutrino en este mundo lírico que, en sus momentos lúdicos, nos recuerda los cuadros de Miró.

87.   No hay distinción entre materia orgánica e inorgánica, como no la hay entre ciencia y poesía. Todo forma parte de un idéntico "sistema abierto / hecho de carne y vitaminas / de hierro y calcio" (Cp 34). La abuela del poeta, que forma parte del "humorismo genético" del poeta, convertida en personaje lírico, cual si fuera el neutrino o la cebolla, es un ejemplo de esa evolución. Un devenir biológico forma parte de la genética evolutiva de nuestra programación. Comemos "para seguir anunciando / procesos anabólicos: / un carajal de aminoácidos formando proteínas" (Cp 34). La poesía de Catalá compone su verdad con el conocimiento científico, del cual no es ajeno la informática postmodernista del sistema lírico. No puede serlo, porque forma parte de la realidad del mundo actual, que configura su verdad.

88.   No es de extrañarnos, por consiguiente, de la sexualidad metafísica de la cebolla, que es objeto del vouyerismo erótico del poeta, cuando dice: "te desnudas / lentamente en mi alcoba ocular" (Cp 71), "redonda, rueda erótica" (Cp 71) que se desnuda suavemente "verso a verso" (Cp 71), hasta llegar al absoluto de la desnudez, que es la metafísica del 0: "y te quedas en cueros con la nada" (Cp 71). El "strip-tease" de la cebolla es el de todo y todos los demás, la síntesis de un proceso actuante donde se corre y se baila para llegar a la desnudez de la cebolla, que es lo que queda. Proceso vicioso y voluptuoso, es un nirvana donde "gozas en pleno de la nada" (Cp 70). Como ojo de la cámara que percibe el mundo, Catalá es testigo del 0 que es nuestro mar de neutrinos. Al estar formado el mundo por un sistema unitivo y un conjunto de leyes aplicables al todo, Catalá llega a una aceptación de esa armonía intangible de la totalidad, que es un himno vital: "La gravedad te atrae / porque cada átomo de la Tierra / es un concierto de caricias" (Cp 35). La ley de la parte es la ley del todo, que unifica el mundo, y las preocupaciones que encontramos en los primeros libros hallan aquí una nueva respuesta. Esta respuesta no es desoladora y la poesía metafísica de Catalá no nos disuelve del todo, sino

que nos convierte en un tin tin de masa que pasa por tu lado
y no te toca.

Obras citadas

Arrowsmith, Ramon. "A Unified Field Theory of Sciences and
Humanities." *Literary Review*, Vol IV, N.I (May 1988).
Cabral, Regis. Reseña de *Cienciapoesía*. *Publication of the Society of
Literature and Science* (May 1987).
Catalá, Rafael. *Círculo cuadrado*. New York-Madrid, Anaya-Las
Américas, 1974.
_____*Ojo sencillo / Triqui-traque*. New York: Cartago, 1975.
_____*Copulantes*. Minneapolis, Minnesota: Prisma Books, 1986.
_____*Cienciapoesía*. Minneapolis, Minnesota: Prisma Books,
1986.
Céspedes, Diógenes. Reseña a *Copulantes*. Santo Domingo,
Republica Dominicana: Ultima Hora (13 de agosto de 1981).
Connor, Steven. *Postmodernist Culture*. New York, Basil Blackwell
Inc., 1989.
García, Ofelia. Nota sobre Rafael Catalá. *Biographical Dictionary of
Hispanic Literature in the United States*. New York: Greenwood
Press, 1989.
Hernández, Orlando José. "Rafael Catalá y el anverso ptolomeico en
Círculo cuadrado." New York: *El Tiempo Hispano* (2 de marzo
de 1975).
Hutchinson, Peter. *Games Authors Play*. London: Methuen, 1983
Jiménez, Luis A. "Octavio Paz y la cienciapoesía: convergencias teóri-
cas." *Ometeca*. 1:2-2:1 (1989-1990).
Lyotard, Jean-Francois. *The Postmodern Condition: A Report On
Knowledge*. Manchester: Manchester University Press, 1984.
Nieves-Colón, Myrna. "Aproximaciones a la simbología en *Círculo
cuadrado* de Rafael Catalá." *Románica* . V.12 (1975).
Romano, James V. "Sciencepoetry and Language/Culture Teaching."
Hispania, V.71, N.2 (May 1988).
Stanton,Shirley F. *Literary Theories in Praxis*. Philadelphia, Pa.: The
University of Pennsylvania Press, 1987.

"Mind" and "Brain" in Cienciapoesía

Kevin Larsen
University of Wyoming

89.   In the "Introducción a la cienciapoesía" (1985), included in his seminal *Cienciapoesía* (1986), Rafael Catalá quotes at some length from an essay, "La estética de la ciencia" (1958), by Arturo Rosenblueth:

> Hay muchos modos de contemplar el universo, dos entre ellos son singularmente elevados y satisfactorios, el artístico y el científico. El sendero que recorren estos observadores es el mismo, pero lo transitan en direcciones contrarias.[1]

Catalá, who clearly seems to have found a kindred spirit in the Mexican biologist, goes on to project his work as "una muestra de interdisciplinariedad. Allí la fisiología, la física, la fisiología, la estética, se encuentran, se comunican y se

---

[1] *Cienciapoesía* (Minneapolis: Prisma Books, 1986): p. 22. All further references to material in this volume will be noted parenthetically in the text. The essay by Rosenblueth is found in: *En homenaje a Diego Rivera. Memoria de El Colegio de México*, Vol. 3 (1958): pp. 15-24.

expresan en su praxis científica" (p.22). The poet then mentions Rosenblueth's *Mente y cerebro: Una filosofía de la ciencia* (1970), which, as he notes, "aborda otro problema de nuestro tiempo, el dualismo mente-cerebro." Indeed, as Catalá suggests, albeit in passing, "tal parece que todos los vectores de nuestro siglo apuntan hacia una unidad subyacente" (p.22). In the prose and poetry that compose *Cienciapoesía*, however, there is no more such overt or ostensible reference to Rosenblueth and his work, or apparently even to the mind/brain question so significant in both writers' renderings of the underlying unity of diverse human endeavors.

90.   This is not to say that "mente" and "cerebro," often alluded to by name, as well as according to their various conceptual and more concrete manifestations (such as consciousness), do not occur on various philological, philosophical, and physiological levels throughout the ensuing poetry. This multiplicity shading over toward a multidimensional "unidad subyacente" can be approached in *Cienciapoesía* in light of a number of the concepts Rosenblueth expresses in *Mind and Brain* (which appeared in the same year as its Spanish counterpart and to which I will refer in this present essay). Not that the poet slavishly kept his thumb in the Mexican biologist's text as he wrote, for his work is independently dependent in its recourse to a variety of such sources. Rosenblueth may or may not have directly influenced Catalá's composition of cerebral/intellectual issues, but the two men definitely parallel each other in various respects. Indeed, such comparison can be mutually illuminating, shedding light on similar (and sometimes dissimilar) treatments of issues in common. Catalá's poetry illustrates and elaborates on the scientific (and occasionally on the more aesthetic and philosophical) concepts in Rosenblueth's book, while the Mexican's ideas further ground the Cuban poet's aesthetic reality in an alternately parallel and intersecting scientific domain. Thus, the "two cultures," though far from homogenized, entwine,much like a double helix, in an embrace of unified di-

versity, in and around the mind and the brain that together
are so central to artistic and scientific enterprises.
Rosenblueth and *Mind and Brain* are important to Catalá's
work, not just as a metaphor of unity, but for their own
sake.

91.   A significant point of intersection between the two
men's interests is twentieth-century physics. A reading of
Cienciapoesía makes abundantly clear the poet's fascination
with that expansive discipline, while the work of
Rosenblueth, who by training and general focus is a biologist, is replete with references to physics, theoretical and
more experimental, and its impact on cerebral biology[2].
Indeed, one writer on Catalá's "sciencepoetry," who may or
may not have read Rosenblueth (knowing his work only
through Catalá's mention of it), calls him a "theoretical
physicist."[3] However, Rosenblueth is no dilettante nor does
he blur the distinctions between the sciences. His text is
subtitled "A Philosophy of Science," but he recognizes the
usefulness of theoretical divisions in functional unity. The
leveling of barriers that so appeals to Catalá does not indicate
a change of the boundaries of the fields themselves. It is a
question of correlation, rather than of homogenization (see
Mind and Brain, p. 25 *et passim*).

92.   Perhaps the most striking instance of the role of
physics in biological processes as described in Catalá's volume of poetry occurs in "Sólo es el baile." Here, the poet
almost certainly takes a turn or two on the dance floor with
ideas Rosenblueth discusses, depicting

> un quark que gira en el axis de mi mente
> y ques mi mente (p. 54)

---

[2] See, for instance, pp. 11-12, 48-48, 110 *et passim* in *Mind and Brain*
(Cambridge, Massachusetts: Massachusetts Institute of Technology Press,
1970). Further references to this text will be noted in parentheses in the text
[3] James V. Romano, "*Sciencepoetry* and Language/Culture Teaching,"
Hispania 71 (1988): p. 433.

The mind is its physics. However, the unvoiced fact that the quark, an entity and concept both physical and aesthetic, is a construct of mental activity (via Joyce *et al*) also informs the equation. Rosenblueth has been careful to distinguish between the physics of actual brain processes and the ostensibly less-physical declension of mental states (p.25 *et passim*). In turn, Catalá seems less exacting in his terminology, though his passion for unification of "el dualismo mente-cerebro" by no means carries him away. He stresses that physics as practice and as concept undergirds both dimensions. In other words, the equation runs both ways.

93.   Catalá uses the word "cerebro" more specifically —albeit in various senses— on other occasions throughout *Cienciapoesía*. For example, in "Código en cenizas" he states that "el código del universo está escrito en su sustancia," moving on, then, to another universe, an internal one, which he strives to interpret:

> Todo se abre a ser leído
> por el curioso de pasión
> que salta a ese ciclón de amor:
> nuestro cerebro:
> tierno ser de quarks
> y gluones aditos (p. 29)

The colons seem to function here as equal signs, as the poet indicates his acute awareness of the physics and the physicality of the brain, this time obviously an organ.   Like Rosenblueth, he seeks a reading of its functions. The two writers' obvious intellectual and aesthetic "pasión" and curiosity at least parallel each other, though the reader suspects that the "ciclón de amor" in *Cienciapoesía* was, at least in part, stirred up by *Mind and Brain*. The currents of this circulation certainly involves more than just a literary and/or scientific "butterfly effect."

94.   Elsewhere, Catalá further evidences his consciousness of the physiology of the brain, a topic on which
Rosenblueth focuses at length, describing in "Sincretizando"
what he calls "dendritas perfectas" of the "párpados de
luna." The branching shape of the dendrites is, of course,
the focus here, though their neuronal essence is a primary
aspect of the imagistic valence. Later, in "Cantos dun
pueblo," the poet depicts "dendritas estiradas," again important for their shape, while not discounting the dendritic function. These images are doubtless an external representation
of Catalá's cerebral self-consciousness during the process of
poiesis, which is one of growth and branching out in multi-
ple directions from a syncretic trunk, the union of the humanities and the sciences.

95.   In various poems, then, the poet also uses the word
"seso," indicating the organ, but connoting its mental functions. In "El proceso creador" he writes:

> El fuego cristaliza el movimiento del seso,
> dun torrente de ideas (p. 68)

In turn, Rosenblueth writes at some length concerning the
"justified" analogies between "flame" and "life" and between
"organisms" and "crystals," imagery which certainly calls to
mind Catalá's (o vice versa). The poet's wording also re-
calls the electrical energy involved in neuro-transmission, a
vital element of all thought, be it a function of brain processes or of mind (see pp. 46-53 *et passim*). The incendiary
intellectual flashing of mind during the creation that the poet
describes seems almost to transcend the limits of biology.
But it does not, as Catalá is here attempting to translate the
physiology of sensory experience and thought into personal
aesthetic terms. Such dichotomies also figure among
Rosenblueth's principal themes in *Mind and Brain*, as in
other works (pp. 46-53 *et passim*)[4]. The poet also refers to

---

[4] Cf. "La estética de la ciencia," pp. 15-24.

"seso" in "Las dos manzanas," where, in a "paraíso de seso y cavilar," Eve tempts Adam "a la sabiduría / duna manzana / que abre puertas" (p.49). Plucked from the Tree of Knowledge, this fruit opens the mind, as well as the eyes, and sets the brain to work. Clearly, Catalá, along with Rosenblueth before him, adheres to a rather stylized (but nonetheless readily recognizable) notion of the so-called "happy fall" which made man —biologically and philosophically— a creature of active and potentially independent mind.

96.   The process of thought, indeed, of consciousness in its various stages and dimensions, is a primary focus of Catalá's poetry. From "Identidad III," where he calls "la mente" the "instrumento / de nuestra conciencia" and the "avenida del darse cuenta" (p. 58), to the meditative "Lo que es el darse cuenta," where even the earth itself seems to have consciousness (p. 63), this (self) awareness emerges as the vital function of brain process and mental activity. The apples of the Fall opened the way to passions of all sorts, but as Catalá alludes in an untitled poem whose first line reads "Darse cuenta que pasion es más que palpitar de pecho," consciousness "es más, mucho más, que ojos en blanco / . . . es alumbrar" (p.102). In other words, awareness is mental, rather than strictly neuronal. The lightning leap to "conciencia" is more than just across a synapse.

97.   Moreover, the concept of a broader, overarching consciousness, of which the possibility that "la conciencia de la Tierra se ha hecho cargo de sí / misma" (p. 63) is only one instance, serves as a backdrop for the disciplinary unity of *cienciapoesía*. In turn, Rosenblueth postulates that animals may have "mental states and events" (pp. 65-69), so it is clear that he would not be totally averse to the possibilities the poet posits. However, the biologist is philosophically far more solipsistic, recognizing that consciousness may extend beyond the borders of his own mind, but unable to prove it to his own satisfaction. But his imagination is no more encompassed by the skull than is Catalá's. Later, in "Muerte del flautero" the poet expansively describes how

> Rebosan los pechos del cerebro
> colectivo de pueblos que son uno (p. 121).

The anatomical juxtaposition bordering on union only under-scores the collective nature of the brain(s) involved. There may be some hint her of a racial memory or collective un-conscious, but the word "cerebro" is primarily significant, pointing up a sort of phylogenetic, as well as an ontogenetic substratum that undergird thought in its various avatars (cf. Rosenblueth 26-27 *et passim*).

98.   In a similar vein, a lower level of awareness that nonetheless demonstrates certain affinities to thought is cate-gorized in "metafísica machista," where

> Un señor respetable o un chácharo de esquinas,
> de vez en vez tocándose el cerebro,
> piensa en su señora esposa,
> o en su chilla.

The common basis of neuronal thinking is stressed here, as both types of men, though separated by a wide social gulf, are closer than either would immediately realize. The usage of "cerebro" is curious, though it emphasizes, more than "cabeza" would, the nervous basis of the behavior. Then, the poem progresses toward an ironic conclusion:

> El mundo se enriquece con un señor que piensa con
> los güevos y una señora que acepta su pensar (p. 80)

In a sense, it is more or less a question of actual "thinking" with (or through) the male anatomy, rather than with the more traditional organ of thought, the brain itself. The "cerebro" becomes one organ among others, or perhaps an appendage of another organ. In turn, "mind" appears strictly as a hormonal function of the masculine status quo. Rosenblueth, ever the Cartesian, presents a wide gulf be-tween the physical brain functions and the more metaphysical ones of mind. With his biting irony, Catalá acknowledges that such a chasm should exist, but here, frankly, does not.

99.   Another principal focus of Rosenblueth's text, also indicative of the division between mind and brain, is the dichotomy between the "language" of neuronal functions and that of mental states. Similarly, for Catalá the lacunae of language and the translation of thoughts and sensations into words are a central concern. In "Proyecto," for instance, the poet discourses on his own "pensar" as it works its way through time and space towards poetic incarnation. Catalá knows his own mental states as well as Rosenblueth does his. He describes the biological activity behind his writing as he plans the rhythms of his day and night for effective poiesis. He organizes according to the terms dictated by his own organism. His verse, as he composes it

> Estalla en la garganta y en los aires,
> en el centro profundo del lenguaje (*Alumbramiento* 97).

This center could only be the mind, though, along with Rosenblueth, he is absolutely aware of the language centers of the brain and their electric functioning (cf. pp. 30-31 *et passim*).

100.   In the course of another poem of this volume, again dealing with the nature of poetry and its creation, Catalá, possibly influenced by elements of reader-response theory, writes that

> El poema, una vez escrito
> muere al escritor (*materialidad textocontexto* 48).

This is, however, definitely not the case with his study of *Mind and Brain*, which passed through both aspects of the poet's personality, leaving an indelible impression. This book is by no means a "humilde neutrino" which, "ciego y sordo," traverses insensitive and sentient matter alike without an apparent trace. Rosenblueth and his ideas have left traces and more. Nor is the poet driven to the "locura" to which the universe may descend as the neutron barrage continues. Neither aesthetically or scientifically will Rosenblueth "hacerlo desplomar sobre sí mismo" (p.30). Catalá, a "strong" poet by any estimate, has been influenced" when confronted with *Mind and Brain*. Still, the trajectory of his poetic path is demonstrably altered by "la fuerza fuerte" —which maintains a potent valence in art as it does in physics— of the Mexican scientist's mind. It is always an immensely creative "misprision."[5]

---

[5] I refer here to ideas developed by Harold Bloom in *The Anxiety of Influences* (London, New York: Oxford University Press, 1973).

Aproximaciones a la simbología en *Círculo cuadrado**

Myrna Nieves
Boricua College
New York City

101. En *Círculo cuadrado* Rafael Catalá recoge 53 poemas divididos en dos secciones: "Tierra Adentro" y "La Casa del Triángulo." Este ensayo es un intento de presentar una de las posibles lecturas de su poesía, enfocándola desde su constitución formal. En ello ha abundado Orlando José Hernández (18). Dentro de nuestra lectura, se entiende que su poesía pide que se trascienda, de ahí el intento de analizarla simbólicamente.[1]

---

* Publicado en la revista *Románica*, vol. XII, 1975. New York University, New York City.

[1] En cuanto al símbolo, nos parece útil la definición de Jolande Jacobi: Es una imagen que presenta un significado objetivo y visible, tras el cual oculta un significado más profundo e invisible (77). Cita la definición que da Jung (77-80) y que transcribimos: *Each view which interprets the symbolic expression as the best possible formulation of a relatively unknown thing which cannot for that reason be more clearly or characteristically represented is symbolic. A view which interprets the symbolic expression as an intentional paraphrase or transmogrification of a known thing is allegoric.*
    Es conveniente señalar que tanto Juan Eduardo Cirlot en su "Introducción" 1. Simbolismo e historicidad" (1969) como Mircea Eliade (1952) advierten sobre el error de contraponer lo simbólico a lo histórico. Lo simbólico no atenta contra lo histórico, sino que le da apertura.

102.   "Tierra Adentro" abre con el poema "Jesús, el Hombre." La figura de apelativo "el Hombre" recuerda la frase bíblica Hijo del Hombre, pero aquí se refiere más concretamente a una demitificación de Jesús para hacer Hombre como Humanidad compuesta de seres como Jesús. El Cristo es resultado de un proceso:

> Camino treinta y tres ciclos, cenó con Cristo y se volvió la puerta.

103.   El proceso se enquista en una tradición más antigua que el cristianismo, que tiene uno de sus primeros enunciadores en la figura de Sócrates y su célebre doctrina del "Conócete a tí mismo."

104.   Cristo es ejemplo en su poesía de lo que podemos ser al conocernos interiormente, de ahí el título "Tierra Adentro" de esta sección. Toda ella es una llamada para la exploración personal e interior cuyo fin no es egocéntrico, sino que apunta al primer paso de un proceso que culmina en "La Casa del Triángulo"; en el "cohabitar con el Todo," entendiéndose esto tanto en el sentido de una armonía consigo mismo que es a su vez una fraternidad con todo lo creado, como un estado místico en que se encuentra el absoluto — Dios, si se prefiere el término, o la armonía con el Universo. Es por eso que la imagen clave de la poesía de Rafael Catalá es la casa y que en su primer poema invita a una exploración del ella. Es escogida porque es para y en el hombre, una imagen arquetípica importante. La casa está relacionada con el cuerpo y más profundamente con los pensamientos y estratos de la psiquis (Jung, 1964, 66-67).

105.   Al hablar de arquetipos[2] observamos que hay en los poemas una serie de imágenes arquetípicas que oportuna-

---

2 Según Jung, el arquetipo es una imagen primordial y universal que ha existido desde los tiempos más remotos. Es el contenido del inconciente colectivo (que es universal, no individual) y representa material y modos de con-

mente señalaremos. Su uso nos hace pensar en el carácter de la poesía de Catalá. Se asemeja en este aspecto a los ritos religiosos, los cuentos de hadas y los mitos, que son expresiones de imágenes primordiales universales, aunque alteradas por la experiencia conciente.

106.   Pese a su cristianismo en términos de guía, la poesía de Catalá está más cerca de las religiones orientales o las primitivas mitologías, que nacen de la naturaleza (que es Dios—panteistas en este sentido) pero que de ella se separan a medida que se institucionalizan. Si dentro del cristianismo se colocara, tendríamos que hablar de un cristianismo primitivo, del que brotan poesías de rechazo a su condificación, como "Hay panteones en orden" o "La misa de Leonardo Bernstein."

107.   La unidad de todo lo creado implica un cuerpo continuo en ello, un cuerpo sin verdaderas divisiones profundas. Su poesía intenta derribar las barreras que nos creamos a través de los sentidos, prejuicios o conveniencias y que nos separan y no permiten captar esa indivisible unidad. El borrar los límites, el confundir las identidades, el dar nuevas definiciones o presentar paradojas que no lo son, son maneras de hacérnoslas evidentes. De ahí la presencia del espejo, que responde en parte a la tradición iniciada por Borges en Latinoamérica. El espejo puede ser negativo en el sentido de presentar apariencias, la negación del ser que puede engañar al hombre —como en "Desvestirse"—, discurriendo sobre la búsqueda del ser afirma que "los nuevos reflejos del espejo /

---

ducta que son más o menos los mismos en todos los hombres y en todas partes (Jung, 1968). El símbolo es la forma en que la mente conciente concibe el arquetipo.

Jacobi señala que para Jung el arquetipo aparece en el hombre antes que el quehacer conciente y su existencia no se debe a un fenómeno de la vida orgánica, lo que a su vez presenta el problema del origen. Sobre ellos declara Jung que es un problema metafísico y por lo tanto sin respuesta (Jacobi, pp. 31-73). Sin embargo, obsérvese como Jung toma el término "arquetipo" del que usó Dionisio el Areopagita en *Corpus Hermeticum* para definir a Dios (Jung, 1968, p. 4).

pueden ser cadenas." Pero hay otro posible significado: en la misma poesía se refiere al "hombre que frente a mí se sienta"; en "Id I" camina con "él" en triángulos de espejos. Puede esto estar relacionado con la idea del doble en el sentido de la posesión en cada uno de nosotros de fuerzas contrarias (obsérvese el título "Id I"), de contrarios fusionados cuyo sentido simbólico es el ser esférico o perfecto, concepto que sería una variedad del Todo en apariencia múltiple o de la Unidad en la diversidad.

108.   Todo está sometido a ese proceso de esfumamiento de límites — la naturaleza, las razas, el tiempo, lo físico, nuestras concepciones intelectuales y morales y hasta las grandes antinomias de vida y muerte, de la nada y el existir.

109.   Esta Unidad tiene dos formas de concebirse — como el continuo infinito del que se ha hablado; o la integración de todas las partes reconociéndose la perculiaridad y perfección de cada una; de ahí el verbo cohabitar. He aquí el peligro y también cierta contradicción de esta poesía:

> Hay un suave cristo
> abrazando mi igualdad
> porque somos verdes, porque somos extensos
> porque somos pobres, porque somos ricos
> (extensión, 12)
>   * * *

> Se descubre la santidad de todo
> (la misa de leonardo bernstein, 37)

110.   En su sentido más literal, se desprende de aquí el dotar al hombre de una perfección separada de los actos. La bendición de todo lo existente (que no es igual a lo creado) puede incluir una santificación de la injusticia. Sin embargo, nos presenta una visión opuesta en las poesías de "La Casa del Triángulo" que aluden a la problemática latinoamericana o a los ghettos de Nueva York. "Delinquir" ya reconoce ac-

tos o situaciones de diverso valor moral: pero es en "casa del sol", en "la casa del sol", en "¿sí?", y en "el rico pobre" donde está presente la situación de nuestros países y algunas de las raíces del mal:

> La mujer cuajada de ojos
>
> . . .
> Le aullan los omoplatos
> y a sus tetas llegan quejidos de una boca seca
> *(casa del sol,* 58)

* * *

> Yo les presté un cuarto en mi tierra y no la cultivaron,
> les di crédito en mi tienda,
> les di un hoyo en la tierra y no lo agradecieron
> *(el rico pobre,* 63)

* * *

> se le otorga el premio
> de ser átomos de latifundio
> de ser incautos
> de no saber leer
> (*¿sí?,* 60)

111.   Es necesario señalar, que en medio de estos poemas intercala los versos en que declara que su casa está dividida y que significativamente se titula "la casa del sol" una variación mínima de "casa de sol."

112.   La identificación con la naturaleza es para el poeta el medio más inmediato para la comunicación con el Todo. La armonía interior exige la exterior. Es esta una poesía sensual: se habla constantemente de parir, engendrar, preñar, dar a luz, poseer, nacer — sugiere crecimiento, fecundidad, productividad. La naturaleza es él, él es ella y con ella sostiene una comunión reflejada en metáforas de coito. Unas veces activo, la mayoría de ellas pasivo, su amor a la naturaleza conlleva una admiración que anonada, subyuga,

una naturaleza que seduce y clama por ser vista y oida. Por la relación sexual con ella, hay una abundancia de lo húmedo y lo líquido en estos poemas: lluvia, llanto, playa, agua, casada, río, lagos, mojado, espumoso. El más representativo en este sentido es "Éxtasis del agua" donde lo originario, lo sexual, la naturaleza y la calidad de pureza y bondad se unen vigorosamente, con la fuerza que le da el arcaismo inicial y la aliteración de la oclusiva *t:*

> amote el tope de tus peñas
> mientras el agua nos acaricia el rostro...
> (27)

113.   El llanto es frecuente pues esta doblemente relacionado: a la felicidad: y al dolor que es purificador, que lava culpas, que desahoga al hombre.

114.   La cualidad de fecundidad, de vida que tiene el agua se puede observar desde otro punto de vista en "la noria". Noria: instrumento para sacar agua del pozo, trabajo penoso de poco beneficio. En el poema, se va vaciando el pozo ¿del vivir? ¿de lo que la vida tiene o pudo tener que se desperdicio en un existir desprovisto de sentido? Noria es rueda giratoria, que no sale del mismo movimiento, que no se proyecta fuera de sí:

> Se llueve de mañana
> y se mueven los pies y se almuerza y se trabaja
> y se duerme y se llueve de mañana (30)

115.   La oposición a la vida está representada por la noria, los ataúdes, los osarios y la cruz en un doble sentido: muerte y falso cristianismo. Se puede considerar esta una poesía que hace una llamada al hombre (". . . se cumple la palabra / y la misión empieza") y es la poesía en inglés la que con mayor insistencia — y con mayor violencia también — intenta llamar a esa vision:

> I bring the sword
> slicing darkened fog of old
> Right thru your two eyes
> I'll make it run to make
> your vision fresh
> *(The Seventh Angel,* 34)

Por lo menos dos de ellas son apocalípticas.

116.   La relación del poeta con la naturaleza es esencialmente mítica: no hay divisiones entre el yo y los fenómenos
del mundo natural exterior; por lo que éstos constituyen una
experiencia común, completa, poseedora de un sentido que
abarca la subjetividad del hombre:

> Mañana bajo mi boca a los lagos del valle
> estiro mi lengua y bebo agua
>
> * * *
>
> Soy el zenit que entre vuelos truncados
> nace a las tierras y a los lagos
> (*mi paradoja,* 26)

117.   Es una poesía que intenta hacer retornar al hombre a
su antigua unidad.   Al hablar del hombre primitivo, dice
Jung:

> All the mythologized process of nature, such as summer and
> winter, the phases of the moon, the rainy seasons, and so
> forth, are in no sense allegories of those objective occurrences:
> rather they are symbolic expressions of the inner, unconscious
> drama of the psyche, which becomes accesible to man's con-
> sciousness by way of projection, that is, mirrored in the events
> of nature.
>
> .... the psyche contains all the images that have ever given rise
> to myths, and .... our unconscious is an acting and suffering
> subject with an inner drama which primitive man rediscovers
> by means of analogy, in the processes of nature both great and
> small. (Jung, 1968 6-7).

118.   Se ha dicho que hay un enfrentamiento en ocasiones pasivo a la naturaleza. Hay otros elementos que pueden significar pasividad, pero quizá el término correcto sería *receptividad* —palabras como *espera, entraña, tierra, camino adentro, eco, campana hueca, espacio, copa, la tierra y el mar abierto, océano* ejemplifican lo antedicho. Resulta curioso que estas imágenes están, a pesar de su número, en cierta forma disueltas, subliminalmente presentes en los poemas (excepto *esperar*); mientras que las que aparecen como centros de énfasis son de caracter activo: *caminar, buscar, moverse, sembrar, hacer, engendrar*; por lo que ambos grupos en conjunto dan la sensación de una actividad desplegada o dirigida al interior. No tiene otro sentido la imagen de recorrer los cuartos de la casa. Pero aún más, todas son imágenes que representan el principio femenino, la madre y o la naturaleza . . . ¿Y el padre? La imagen del padre en su poesía, salvo en "un poema." está asociada a la orfandad y ésta a su vez a la soledad.[3] Cirlot explica el significado del incesto (recuérdese que las relaciones con la madre/naturaleza están expresadas sexualmente), que simboliza el anhelo de unión con la esencia de uno mismo. La información acerca del símbolo del padre y el matriarcado brinda luz al asunto:

> La imagen del padre .... corresponde a lo conciente, por contraposición al sentido maternal del inconciente .... Así como el heroísmo es la actitud espiritual propia del hijo, el dominio es la potestad del padre. Por ello, éste representa el mundo de los mandamientos y prohibiciones morales, que pone osbtáculos a la instintividad y a subversión, por expresar también el origen. (Cirlot 359)

> El régimen social del predominio de la madre, o matriarcado, se distingue según Bachofen, por la importancia de los lazos de

---

3 Expresiones que aluden a la soledad, son entre otras: *Hay extensiones cutáneas de este barro / que son testigos de mi orfandad* (50). *Yo fui como su padre, y no lo agradecieron* ("El rico pobre"). Algunas expresiones de soledad: *Desesperadamente busca / Busca dentro de su soledad* ("Trinidad"); *Dios está solo / Tú y yo solos* ("Otro resplandor").

sangre, las relaciones telúricas y la aceptación pasiva de los fenómenos naturales. El patriarcado, por el contrario, por el respeto a la ley del hombre, la instauración de lo artificial y la obediencia jerárquica. (Cirlot, 303)

119. Podríamos añadir las codificaciones, las separaciones, todo el mundo del hombre occidental que lo separa, lo aisla, lo destierra, lo orfana. La obra de un hombre que ha cesado de mirar a su interior, de una civilización sin sueños, de un mundo sin mitos.[4]

120. Es posible otra forma de leer su relación con el padre. Podría verse ésta como una búsqueda (que a su vez integra la soledad y la orfandad):

> Es que quiero ser el padre que no tengo
> y pienso en vano que me abandonó.
> (*dejar hacer,* 43)

y que a su vez refuerza lo dicho en relación con el principio femenino. En Latinoamérica tiene especial interés, si se recuerda la conquista y el choque de las culturas española, africana e indígena; y la consecuente teoría del hijo de la Malinche, entre otras. La búsqueda del padre es símbolo del regreso en busca de sí mismo.

121. La llamada que se hace en esta poesía no es solamente hacia un conocimiento de sí mismo en el plano puramente personal, (aunque se observa que es requisito indispensable) sino que es también a un reconocimiento de la situación de nuestra gente y de nuestra cultura. En "La Casa del Triángulo", siendo éste un símbolo trascendente, hay abundancia de la poesía de denuncia social, a la que ya hemos aludido. Porque quizá en última instancia, su poesía

---

[4] Jung contrasta este sentido de desamparo del hombre de las sociedades occidentales, con el hombre de las no occidentales, donde aún existe el mito, o las ideologías con estructura mítica, como el marxismo. (Jung, 1964, 73)

es una llamada a nosotros como latinoamericanos. Su "casa", la dividida, pero la que espera, es también América Latina. Aún las poesías que presentan la situación humana más deprimente, las llama "casa de sol", "la casa del sol".

122. El sol simboliza, entre otras cosas, el ojo divino, el principio activo, fuente de energía y vida, símbolo en el sentido positivo de gloria, espiritualidad, iluminación. Otro simbolismo muy interesante, es que "con su caracter *juvenil* y filial dominante, el sol queda asimilado al héroe, por oposición al padre, que es el cielo, aunque a veces se identifique con él." (Cirlot 228-231).

123. "La Casa del Sol": En las principales mitologías indígenas de América Latina, el sol es un símbolo central. Para los mayas, es símbolo de regeneración; representa las eras, que hasta el momento, según sus mitos, son cinco. Estamos en la era del Quinto Sol, que tiene ante sí la redención o como las otras, la destrucción. El origen divino de los incas, en todas las versiones, está relacionado con el sol, que figura como creador y el que envía no sólo el lago Titicaca a los hombres, sino también sus hijos Manco Capac y Mama Ocllo para que les enseñaran las artes y las ciencias. Los reyes incas eran adorados como hijos del sol. En los aztecas estaba relacionado con el sacrificio, en un principio voluntarios, de corazones a "la gran estrella que mantiene la vida en la tierra." Este aspecto de autosacrificio se relaciona con la figura de Quetzalcóatl, el dios maya que para los aztecas era Kukulcán o Kinich Ahau en su aspecto de dios sol (Burland, et al, 200-222, 247-258, 298-322). Yocahú, el más importante dios de los indios de las Antillas, está identificado con Bonael, el sol. Dice, además, Fernández Méndez:

> It is probable, that, in the Antilles, the union of Yocahn-Guabancex was indentified with the rainbow: in Mexico and among the mayans this god was identified with the primitive plumed serpent Quetzalcoatl. (Fernández Méndez 32-33)

El mismo autor señala que el uso del disco solar era un símbolo distintivo de los Caciques entre los indios de México, las Antillas, Centroamérica y el sureste[5]. Quetzalcóatl, que unas veces se identifica con el sol, guarda en otras versiones una relación con éste que envuelve una cifra del Todo:

> Together with Earth and with Quetzalcoatl (as represented by the planet Venus), the Sun formed a part of a trinity in which a balance and a concord was achieved. The sun was the male force impregnating the female Earth, and out of them was born a son, merciful and loving (Quetzalcoatl.) (Burland et al 213)

124.   Quetzalcóatl, que por lo menos en parte de su vida, muestra características iguales a las de Cristo o cualquier héroe universal en ese sentido, es el creador de lo cultural —artes, letras, filosofía, ciencias, además de ser "guía luminosa del perfeccionamiento interior." (Díaz Infante 29)

> .... da su propia vida, en bien de sus semejantes: muere en forma violenta y con dotes sobrenaturales resucita y sigue protegiendo a su pueblo.

> .. En Xototl-Quetzalcóatl está plasmado el héroe que para alcanzar un alto nivel de prestigio entre sus conciudadanos, tiene que autosacrificarse y enseñar, con ello el camino de la integración cultural. (Díaz Infante 27, 28)[6]

---

[5] (Fernández Méndez 75). Obsérvese estos versos de Catalá: *Disco de oro recojo muestras / de afecto. Pernocto en tu entraña, / te ofrezco incienso y mirra y oculto / mi cara en tu cara.* (De "En función de mi voluntad recojo pastos", (*Círculo cuadrado* 47)

[6] Díaz Infante (31) cita los atributos del dios en el Códice Matritense. He aquí algunos:

> *El sabio es: una luz, una tea, una gruesa tea que no ahuma.*
> *Un espejo horadado, un espejo agujereado por ambos lados.*
> *Suya es la tinta negra y roja, de él son los códices,*
>   *de él son los códices.*
> *El mismo es escritura y sabiduría.*
> *Es camino, guía veraz para otros ...*

Obsérvese, como paralelo, los versos de Catalá de "Ay! pues
si al cabo del dolor . . ."

> toma tu guarache y cíñete el sarcófago
> y sígueme hasta el sol (62)

125.   "La Casa del Sol", "Y aquí, en mi casa . . . he de
poner yo la palabra". La palabra, por lo tanto, es fe, es
búsqueda, es conjurar un orden, es crearlo (o descubrirlo),
es abrir el libro del tiempo y recuperar esa figura de lo que
somos y luego proyectarla al mundo. Es el principio de la
tarea, la gran tarea de hacer América, "la una, la nuestra." Su
poesía trata de armonizar e integrar tres niveles: el individual,
el cultural y el universal humano. La premura violenta de
ese imperativo es el que dicta doce veces el "hay que" de
"Tríada", el poema final del libro. *Círculo cuadrado*: man-
dala[7], totalidad como la tríada, el tres, la trinidad, el número,
el océano, el triángulo y otras imágenes que se encuentran en
su poesía. "Tríada", "Casa del Triángulo" — totalidad que
es síntesis e integración, forjada con el solo instrumento de
su voluntad:

> Mi casa es casa de las casas
> y mi tierra es esta, aunque se me niegue.
>   (*límites quebrados,* 61)

---

[7] "Son ... diagramas geométricos rituales ... con la finalidad de servir como
instrumento de contemplación y concentración (como ayuda para precipitar
ciertos estados mentales y para ayudar al espíritu a dar ciertos avances en su
evolución... Es, pues, la exposición ... de la lucha suprema entre el orden,
aún de lo vario, y el anhelo final de unidad y retorno a la condensación original de lo inespacial e intemporal —al centro puro de todas las tradiciones.
(Cirlot 304-307)

Obras citadas

Burland, Cottie; Nicholson, Irene; and Osborne, Harold. *Mythology of the Americas.* New York: The Hamlyn Publishing Group, 1968.

Catalá, Rafael. *Círculo cuadrado.* Anaya-Las Américas, Madrid-New York, 1974.

Cirlot, Juan Eduardo. *Diccionario de símbolos..* Barcelona: Editorial Labor, S.A. 1969.

Díaz Infante, Fernando. *Quetzalcóatl.* Cuadernos de la Facultad de Filosofía, Letras y Ciencias, vol. 18. Veracruz: Universidad Veracruzana, 1963.

Eliade, Mircea. *Images et symboles.* París, 1952.

Fernández Méndez, Eugenio. *Art and Mythology of the Taíno Indians of the Greater West Indies.* San Juan: Ediciones Cemí, 1972.

Hernández, Orlando José. "Rafael Catalá y el anverso ptolomeico", *El tiempo hispano,* New York, N.Y., 2 de marzo de 1975.

Jacobi, Jolande. *Complex/Archetype/Symbol in the Psychology of C. G. Jung.* Bollingen Series LVII. New Jersey: Princeton University Press, 1972.

Jung, Carl G. *Man and His Symbols.* New York: Dell Publishing, Co. Inc., 1964

_____ *The Archetypes and the Collective Unconscious:* *The Collected Works of C. G. Jung.* Ed. by Bollingen Foundation, 9, Part 1. New Jersey: Princeton University Press, 1968.

Ecuación del Caribe: Copulantes[1]

James Romano

University of Minnesota

126.   En el último libro de poesía del cubano Rafael Catalá, *Copulantes* [2] se interrelacionan varios temas diversos para formar nuevos contextos y perspectivas, y vivificar de nuevo contextos y perspectivas ya establecidos.   Estos temas proceden de campos tan diversos como la literatura, la matemática, la crítica literaria, la historia, la física, la mitología, las ciencias políticas, etc., y las intra e interrelaciones entre ellos producen síntesis y choque, unión mística y Big Bang, convergencias de vectores biológicos y poéticos.   Sin duda alguna, *Copulantes* comprende los polos radicales que han ido evolucionándose hasta formar un nuevo contexto del Caribe y Latinoamérica, y una nueva

---

[1] Este trabajo fue publicado en *Literatures in Transition: The Many Voices of the Caribbean Area.* (Maryland, USA: Hispamérica, 1982). Publicado con permiso de Hispamérica.

[2] Santo Domingo: Serie Novilunio, Luna Cabeza Caliente, 1981. La segunda edición corregida y aumentada de este libro fue publicada por Prisma Books, Minneapolis, Minnesota en 1986. [Nota del editor]

perspectiva de lo que es el meollo temático de *Copulantes*, el mestizaje.

127.   El mestizo de que habla Catalá es el mestizo de Martí, el ser americano que reconoce sus raíces europeas, tanto culturales como biológicas, pero que, al mezclarlas con sus otras raíces africanas, taínas, incas, y mayas, ya es otro ser —el ser mestizo. Pueden destacarse tres aspectos del mestizaje de *Copulantes*: primero, el barroquismo del fenómeno mestizo; luego, la nueva conciencia que surge de este barroquismo; y por fin, la heterogeneidad del mestizaje. Estos tres aspectos operan en *Copulantes* en dos niveles, a nivel teórico-literario, que corresponde al relato, el significado del poema, y otro de la praxis literaria misma, es decir, el nivel del texto mismo, del significante.

128.   En *Tientos y diferencias* Alejo Carpentier apunta que «todo mestizaje, por proceso de simbiosis, de adición, de mezcla, engendra un barroquismo»(69). Carpentier añade:

> Nuestro arte siempre fue barroco: desde la espléndida escultura precolombina y el de los códices, hasta la mejor novelística actual de América, pasándose por las catedrales y monasterios coloniales de nuestro continente. ... no temamos, pues, el barroquismo en el estilo, en la visión de los contextos.... El legítimo estilo del novelista latinoamericano actual es el barroco. (Carpentier 37-38)

129.   En *Copulantes*, vemos el tema del barroco mestizo realizado en poemas como «querer elaborar un poema grotesco» (53):

> querer elaborar un poema grotesco algo así como:
> Margaritas defecan frente a espejos convexos
> o sacerdotes perdonan a sus hijos duna puñalada
> o estar reunidos cantando lullabies
>
> Un texto obeso frente a un texto plano
> o ¿puede ser la cultura plana
> cuando cada momento es la fusión

de uno y mil vectores de cultura?

Un texto lírico entre Lacan y Shklovsky
de Heredia a Góngora lectura y relectura
La razón onomatopéyica del texto cartesiano
de la razón de Newton —sin ver su alquimia
de la razón vital de Ortega
y la elán vital de Bergson
Un texto occidental en otro paraíso

La yuxtaposición y mezcla de los diferentes términos
matemáticos, literarios, y filosóficos producen un choque
que es, en las palabras de Catalá, «el choque de todos estos
vectores en la ecuación del texto.»

130.   Este choque no es uno de destrucción, sino de construcción. Es la fusión de «uno y mil vectores de cultura», y
esta fusión se realiza a la misma vez lingüísticamente en el
texto poético y culturalmente en el fenómeno mestizo.
Realmente, son dos aspectos del mismo proceso de convergencia y el subsecuente darse cuenta de este proceso. Aquí,
todo se reduce a un proceso común, y términos de la física,
como «vector» y «fusión» se emplean para expresar fenómenos culturales, como «fusión de vectores de cultura».
Este fondo común entre ciencia y arte, entre la física y la
cultura, no toma lugar en el mundo insustancial de la teoría.
Al contrario, los campos diversos se unen en la página escrita, se materializan en la expresión cultural del complejo
contexto poético, se realizan en la escritura misma.   En
cuanto al mestizaje, los vectores, o las tradiciones de varias
culturas se unen en la presencia misma del ser mestizo, bio-
lógicamente en su cuerpo físico, culturalmente en su producción artística.   Esta presencia no es estagnante, sino
evolutiva, y a la vez que está evolucionando el mestizo como
individuo (por matrimonio, por influencia extranjera y por
influencia de otras culturas mestizas con distintas químicas
combinatorias), está evolucionándose la propia autoconciencia del mestizo.   Todo esto lo vemos en otro poema, «piedra
filosofal» (52):

Isabel Macondo darse sin la cuenta
hácese figura partiendo dun supuesto
en negación la suya
forma el picoteo y va tomando forma
su supuesto que no es ya,
Agricultor soñado delante del espejo
volviéndose la prima materia
del arcano plano oculto alser expuesto
Sábese liso y noloes en la medida
ques destello dun cantazo
de convergentes líneas enun punto plano

Isabel Macondo es el ser mestizo llegando a la madurez cultural, y la subsecuente toma de conciencia de esto. Delante del espejo, ella se volvió la materia prima, o las raíces, de su ser. Estas raíces son los vectores culturales que componen el ser mestizo, y ya que estos vectores son los componentes biológicos y culturales de Isabel Macondo, el único quehacer para ella es llegar a la conciencia de esto, la autoconciencia de su propio mestizaje.

131.   Al nivel del significante, este poema representa un paso más allá de la autoconciencia. Una vez reconocidas las raíces culturales, ellas se materializan en los textos de la misma cultura. Es decir, primero viene la toma de conciencia de la cultura mestiza, y luego se produce el «cantazo». El «destello dun cantazo / de convergentes líneas en un punto plano» es la producción conciente de la escritura misma, que no representa sino que es el punto donde todos los vectores dados de una cultura convergen.

132.   La toma de conciencia del mestizo, es mestizo, es decir, la búsqueda y descubrir de las raíces americanas que por tanto tiempo han sido ignoradas, se encuentran en el poema «Meditación tolteca» (14):

Con cuero amarillo para las gargantas de los pies
voy paso a paso elogiando los rayos del sol
con gran amor de nahua. Con la suave paciencia profunda

de serpiente enplumada voy adentrándome al reino adentro,

paso a paso en los años se abren luces y hacen ellas
lo que tengo que hacer.

Atestiguo de la claridad en mi unidad, y sé que no hay
tal rostro de latidos sino ojos de luz

La gradación del poema va desde la superficie («gargantas de
los pies»), y se adentra hasta llegar a la «claridad en mi
unidad», es decir, hasta la plena toma de conciencia individual. Concurrentemente, el poema abarca desde la cultura
náhuatl («con cuero amarillo...elogiando los rayos del sol»)
hacia el pasado, con «serpiente enplumada» (el dios mesoamericano, Quetzalcóatl) hasta llegar a la cultura clásica
tolteca. Los toltecas, que fueron la civilización clásica que
antecedió a los aztecas, no practicaron sacrificios humanos
como harían después los aztecas, y así en la cultura tolteca
no había «tal rostro de latidos sino ojos de luz». Esto es la
toma de conciencia cultural, cuando el mestizo busca y descubre sus raíces americanas, que tienen su base en la cultura
clásica tolteca.

133.   El tema de la toma de conciencia se encuentra en
*Copulante*s en el nivel lingüístico también. La unión de las
lenguas indígenas y europeas en América en un sólo texto
expresa a la vez la unión en el fondo del hombre americano,
las raíces lingüísticas que lo forman, y universalmente, la
unidad en el fondo de todas las lenguas del mundo:

como lloviendo es volando
con los pasos serenos, con la pasión del todo
Con la conciencia del oceáno no hay mancha impura
y se es pez y agua, alga y espuma
Se devora el inglés y no mancha
que lengua soy con conciencia de oceáno
Las verdes algas baten cariñosamente
en quechua yaku es agua y wayra viento
y agua es água y viento es vento
Nahua es atl y echecatl

Volando es como lloviendo
con pasos y pasión todo sereno
en bravo oleaje nace el aplomo
deslizar sereno hacia la gran corriente
con los ojos abiertos se va naciendo

«Con los ojos abiertos» (30), el título de este poema, alude tanto a los ojos del lector leyendo «con los ojos abiertos», es decir, leyendo conciente del fondo común de las lenguas, como al mestizo que tiene los ojos abiertos frente a su propio ser, a sus propias raíces culturales y lingüísticas: raíces españolas, inglesas, portuguesas, quechuas, nahuas.

134.   La conciencia mestiza que resulta del barroco americano no concluye en *Copulantes* con el mestizaje; este tema se universaliza para abarcar la conciencia del hombre universal. Así, tenemos poemas como «estrella y sol» (28):

Es un acto muy serio levantarse a las cinco
a ser testigo del prestigio de la estrella de la mañana

Es un hecho muy serio ser testigo
cuando el sol se levanta
y despierta los pájaros del día
y duerme luciérnagas y buhos
Es un hecho muy serio ser estrella y sol
y estar conciente y levantarse

135.   El tercer aspecto del mestizaje en *Copulantes* es su heterogeneidad. En el prólogo, Catalá dice que:

Nuestra Grecia es inca y maya, taína y africana, y después de esto,...también es griega... Nuestro mestizaje ha tomado el único color posible: el de nuestra humanidad... Y es huichol, guaraní, y es nahua. (9)

136.   Estas diversas fuentes del mestizaje se unen, tanto en el nivel del significado como el del texto mismo, en el poema

«Recuento». «Recuento» (54-60) consiste en una serie de fragmentos de textos ya escritos por autores y fuentes tomados de la historia literaria, desde Góngora y los indios huicholes hasta William Burroughs y Lezama Lima, desde los textos nahuas hasta Macedonio Fernández y García Márquez. Está dividido por números mayas mezclados, o «mestizados», con números arábigos, y es un «recuento» de la palabra escrita. Empieza con la palabra, o el texto, hablando en primera persona:

> ¡Qué cosas tiene la vida!
> párroco es raíz de parrot
> Todo lo que he pasado!
> Aceituna troglodita contando guerras,
> pájaros volando, carnaval de monos, el rey
> unificado, la tortuga tuerta...

El texto está celebrándose, recontando su historia a través de textos ya existentes. Aquí la voz del poeta cede el paso a la del «Texto», el texto universal que se compone de todos los textos individuales a través de la historia humana. Este Texto no se limita a ningún tiempo, cosa expresada al principio («Todo lo que he pasado!»). Tampoco se limita al alfabeto romano, ya que la escritura maya se emplea allí, y el Texto es geográficamente omnipresente, siendo expresado por todo el planeta:

> ...zapateando por los Andes me di cuenta que era la cara
> escondida del Perú, soy la concreta, de Oriente hasta la
> Habana...
>
> ...amanecí en Peking...
>
> • • eónes esclava, dormida en la tundra.[3]

137. El uso de textos ya existentes para la estructuralización de un nuevo contexto produce una revisión de cada

---

[3] • • = 7 (número siete maya y su correspondiente número arábigo)

texto empleado. En «Recuento» los fragmentos aparecen intactos, y forman un nuevo contexto en su conjunto de interrelaciones. Pero en otro poema, «Actodeconciencia» (71-72), aparece un fragmento de «Primero sueño» de Sor Juana Inés de la Cruz, alterado, o «rescrito», para producir una nueva lectura. «Primero sueño» empieza así:

> Piramidal, funesta, de la tierra
> nacida sombra, al Cielo encaminaba
> de vanos obeliscos punta altiva,
> escalar pretendiendo las Estrellas;
>
> ...
>
> la tenebrosa guerra...

Pero en «Actodeconciencia», este fragmento adquiere un giro lingüístico:

> Bidimensional, consciente, desta página
> nacido cuerpo sin sombra, de hoja en hoja
> el libro encaminaba
> de vanos obeliscos punta altiva
> escalar pretendiendo desde un libro las Estrellas
>
> ...
>
> la tenebrosa guerra semiológica...

De esta manera el «sueño» de Sor Juana está «re-soñando», o «re-visto» por Catalá, y ya es otro sueño que inscribe y traspasa al primero sueño.

Volviendo a «Recuento», vemos que la palabra escrita de «Recuento» es autocrítica:

> Sólo aquello que me trajo alegrías vale la pena
>
> ...

No me acordaré de aquellos momentos en que ahogada
invernaba.   Siempre he hablado y hablaré de momentos
lúcidos. Aunque es difícil olvidar las cicatrices.
Encerrada en el agua saltaba párrafos chupando aire
y me hundía, que lucha, el desespero del ahogo
y otro brinco de gloria y otro respiro es mi historia.

Aquí se ve que la palabra está conciente de su propia historia. «Aquellos momentos en que ahogada / invernaba» son esos momentos en la historia cuando la palabra ha sufrido censura por una autoridad, o cuando la palabra era usada, o abusada, por razones propagandísticas. Entonces, aquí la palabra se ve a sí misma como una herramienta que se puede emplear por motivos buenos o malos, y en su autocrítica, se concentrara sólo en aquello que le trae «alegrías».

138.   En el nivel del mestizaje, se puede interpretar este trozo como el hombre mestizo bregando y concertando un acuerdo con su propia historia cultural, con momentos lúcidos, y también con cicatrices; «encerrada» en el Caribe, a veces ahogándose, pero siempre saltando para coger «otro respiro».

139.   Así, en «Recuento» (54-60) cuaja el mestizaje de *Copulantes* —el barroquismo, la nueva conciencia, y la heterogeneidad de ella— es decir, allí se materializan en la praxis. Al fin del poema, la teoría, la praxis, la estructura todos se unen en un acto trascendente:

Qué fresco el aire aquí
oigo sonidos, algo me coge
en esta página

síííííí ahí no má
la conga me ñama

●　●●　●●●

que paso má chévere, que paso más chévere
el de mi conga é

●   ●●   ●●●

Para Catalá, cuando uno se da cuenta de la verdadera relación copulativa entre poeta y palabra, palabra y palabra, y poeta y lector, se dará cuenta a la vez de que «poeta», y «palabra» no son entidades fijas, estáticas, autónomas como pensamos que sean. Al contrario, son las relaciones que existen entre ellas las que los definen y les dan su sustancia particular. Semejantemente, el mestizaje no es al suma de las raíces culturales que lo componen, sino que es un fenómeno único por ser la materialización de las relaciones interculturales. Geográficamente, el Caribe se compone no de la totalidad de las islas y países de la región, sino de las relaciones que existen entre ellos.

140.   Esta relación se expresa al fin de «Recuento» como un baile, la conga cubana. Este «baile» es la toma de conciencia cultural, la experiencia poética trascendental, cuando todos nos damos cuenta de que somos copulantes.

Obras citadas

Catalá, Rafael. *Copulantes*, Santo Domingo, Serie Novilunio, Colección de poesía Luna Cabeza Caliente, 1981.
Carpentier, Alejo. *Tientos y diferencias*, Montevideo, Editorial Arca, 1967.

Rafael Catalá: Un Hermes para la Cienciapoesía Latinoamericana

Ciro A. Sandoval
Michigan Technological University

141. El nombre de Rafael Catalá está ya asociado a estrategias y prácticas poéticas que sondean raíces autóctonas y de mestizaje y que se proyectan, con vislumbres de crítica y esperanza, hacia un devenir que exige, como el mismo poeta dice, un despertar de consciencia. Este despertar de consciencia, que para Catalá trasciende la visión de lo indígena y se filtra a través de lo mestizo, tiene su eco en voces americanas, tales como las del vocablo náhuatl "ometeca." Este vocablo, que en esta lengua autóctona y natural americana significa "dos en uno," adquiere una significación de urgente actualidad dentro de la brecha de las ciencias y las humanidades y por ende, dentro de los planteamientos de la cienciapoesía y la visión de supervivencia cultural en los cuales el poeta cubano-americano anda inmerso desde el momento en que abrigó la idea de fundar bajo esta poética voz, un instituto en el cual pensadores, poetas y educadores de distintas disciplinas e intereses pudiesen expresarse, in-

tercomunicarse e interactuar. Alrededor de esta idea central pivota la "cienciapoesía" que Catalá acuña y explica como estrategia crítica y pedagógica en sus ensayos y series de poemas, tales como "Cienciapoemas." (*Cienciapoesía*)

142. A primera vista, la práctica de lo que Rafael Catalá llama "cienciapoesía" podría parecer una empresa hibridizante dentro de la ideología de corte positivista que ha dominado la actividad tecnológica y científica y la idea de progreso ilimitado, de utopía tecnológica y científica y de visiones de maravillas futuristas para un porvenir feliz, puesto que la cienciapoesía articula sistemas supuestamente antagónicos y visiones culturales supuestamente opuestas o incongruentes en esta clase de utopía moderna. Sin embargo, la idea de progreso dentro de los planteamientos de la cienciapoesía que enfocan la dinámica y problemática en la que la misma ciencia y la tecnología ha forzado a vivir, prácticamente a la humanidad entera, no es sólo de maravillas, ante lo mágico de lo científico y lo tecnológico, sino de un "darse cuenta," de un acto de reflexión de consciencia, de búsqueda de raíces y de amalgamiento, que empieza, como dice Catalá, ya, "al sabernos colonizados —consciente o inconscientemente—" cuando, "hemos comenzado nuestro camino"(Catalá, *Copulantes* 9), cuando empezamos a ver lo que somos, como dicen estas líneas, por ejemplo,

> El iberoamericano es blanco
> es negro,
> es indio,
> es chino,
>
> El iberoamericano es blaneinchi
> ¡Esto es, ajá bleneinchi!
> ¡Blaneinchi!
> Hay que estar claro
>   (*Triquitraque* 50)

143.   Octavio Paz nos recuerda también, que a Latinoamérica se le reconoce, no sólo, por su triste historia y su folklore político, sino también por la prosa y el verso de sus escritores, que como el ensayista y poeta mexicano bien apunta, podemos llamar "nuestros escritores."(Paz 217) De este sentir, Catalá está también muy consciente, cuando toma, como ejemplo, la voz de Martí, poeta, ensayista y ardiente defensor de la independencia y la educación para la democracia hispanoamericana. A este reconocimiento, Catalá añade el de la tradición, la cual empieza más allá de los pueblos americanos, cuando piensa en un fundamento de lo que es ser americano y de lo que otros pensadores, tales como los de la nueva teología de la liberación y de la educación como práctica de la libertad piensan que debiera ser.[1]

144.   Ahora, si el poeta, "... dice lo que el tiempo dice... aún cuando [contradiga] lo que este último dice...," como anota Paz (120), y como también Catalá deja traslucir en poemas tales como "Ensayo" y "El Progreso y la Ciencia" (*Cienciapoesía*, 64-61), es porque el poeta, también está consciente de la ceguera del progreso, que hace que el mundo pierda su imagen de mundo, cuando el progreso descuenta la visión poética, tradicional y mitológica, para instalar la de la ciencia y la tecnología como únicos, viables y verdaderos paradigmas del conocimiento y la verdad. Es entonces, cuando frente a esta situación surge la inquietud del poeta acerca del riesgo que implica el saber y el usar de este saber, inquietud que lo lleva a preguntar irónicamente: ¿Es la ciencia progreso? y que le hace responder, con otras preguntas: ¿Cuál ciencia? ¿Cuál progreso? ¿Cuál pensamiento? ¿Cuál superación? ¿Cuál a dónde? Como algunas de las líneas de los poemas de Catalá, dicen bien de este ver del poeta, cuando este progreso se entiende sólo como poder y acción arrogantes, cuando este progreso se ve como si tu-

---

[1] Ver, por ejemplo, libros como *Teología de la liberación* de Gustavo Gutiérrez y *Educación como práctica de la libertad* de Paulo Freire.

viese origen y auto-existencia de demiurgo, fuera de lo humano, es cuando se llega a percibir que:

> Subdesarrollo es mucho más que no saber
> manejar unas máquinas o destetar los bueyes
> de la tierra y amamantar tractores
>
> Subdesarrollo es haber discernido grandes
> principios de la ciencia y creerlos posesión
> de dos a tres, o haber evolucionado muchas
> máquinas y negarle el paso evolutivo a los
> humanos
>
> Subdesarrollo es esto y no pueblos incultos
> preindustriales. Si se les diera el cómo
> hacerlo, volarían culturas compañeras
>
> Subdesarrollo es creerse desarrollado
> corriendo con muletas, es creerse libre
> y explotar a otro pueblo
>
> Subdesarrollo es hacer que vote un pueblo
> analfabeto y luego darse golpes de pecho:
> guardián de democracia! Eres guardián
> de esclavos!
>   ("Ensayo," *Cienciapoesía* 64)

O, cuando se mira a los logros y acciones del progreso y la ciencia:

> Los logros de la ciencia no son progreso,
> quitémonos el velo.
> ellos, sí, han hecho más fácil vivir:
>
> ...
>
> Pragmáticamente hablando la vida resbala engrasada en
> la ciencia. La vida resbala también hacia el desastre
> ecológico por los productos de la técnica, ques hueso y
> pellejo de la ciencia.

> Epistemológicamente la ciencia no es más que el control
> humano de la natura;
> y nuestro conocimiento,
> visto desde el punto de vista del mañana
> está paradigmáticamente fijado en la ignorancia.
> ("El Progreso y la Ciencia," *Cienciapoesía* 61)

145.   La empresa poética que Catalá propone es en realidad una estrategía simbiotizante, mediante la cual se intenta rescatar del ruido tecnológico y científico el lenguage natural poético —*patois* serreano—[2] que ha sido acallado por el avance científico y tecnológico, a pesar de que este lenguaje natural —*patois* — le ha permitido al *homo sapiens* poner en práctica su necesidad sentida de reflejar su *Dassein*, primero como *homo loquens*, y como *homo ludens*, luego como *homo faber* y como *homo politicus* y ahora como *homo technologicus* y *oeconomicus*, creador de civilizaciones y de cultura.

146.   Y si al decir de Paz, "la idea del mundo se desdobla a sí misma en la idea del tiempo y esta idea se desdobla en el poema," que es "tiempo develado;" "enigma del mundo transformado en una transparencia enigmática" (Paz, 120), Catalá incluye en el mismo tiempo al ser humano mismo que es consciente de este tiempo:

> el hombre usa reloj
> el reloj mide al hombre
> pero, el hombre no es reloj
> el hombre es tiempo;
> el tiempo pasa con el hombre
> el hombre pasa con el tiempo
> hombre y tiempo pasan a través del agua, de la silla,
> del pan, del codo, del rostro,
> de la sombra

---

[2] Michel Serres llama *patois* al lenguaje natural con que el campesino se comunica con la tierra y con su ambiente desde los albores de la cultura humana que se asentó con el cultivo de la tierra. Ver su *Contrat Naturel*.

Tiempo es hombre
más, se pasa
("hombre," *Círculo* 44)

147.   Dentro del marco ideológico, la visión poética de la cienciapoesía es integradora, y como tal se contrapone a conceptos de división, parcelación, especialización y departametalización, tales como el de "dos culturas" que separa ciencias naturales de ciencias del hombre, como si fueran actividades humanas independientes y sin relación alguna, como Serres expresa críticamente:

> Muy a menudo aprendemos nuestra historia sin la historia de las ciencias, la filosofía desprovista de todo racionamiento sabio, las bellas artes espléndidamente aisladas de su entorno científico, e inversamente, las diversas disciplinas arrancadas del terreno de su historia, como si cayeran del cielo. En suma, todo nuestro aprendizaje permanece extraño al mundo real en el cual vivimos, y que de mala manera mezcla técnica y sociedad, nuestras tradiciones, ingenuas o sabias, con los avances utilitaristas y perturbantes (*Elements d'Histoire des Sciencies* 1)

148.   En términos que hacen eco de esta sentencia, Catalá crítica esta ideología positivista y metodológica cientifizante como causante de ceguera social, borrosa y carente de fundamentos para una visión integral del conocimiento y de las diferentes praxis sociales. "¿Cómo es posible?" se cuestiona el poeta, "...que dos productos del sistema sociocultural, cuya finalidad es el conocimiento de ese sistema, puedan ser percibidos como entes antinómicos" (*Cienciapoesía* 10).

149.   Parte de la respuesta, Catalá la rastrea en las fallas de la filosofía del sistema educativo, campo en el que los planteamientos de Paulo Freire, Camilo Torres, José Martí y Gustavo Gutiérrez son iluminantes para el poeta y para el "despertar de consciencia" que el espera que surja dentro del mundo industrializado y no industrializado, y que parece añorar, especialmente en Latinoamérica:

Es diferente pensar en América
que pensar a América
En Santiago o en Río
todavía se piensa en ella desde Europa
A América dondequiera que sea
hay que pensarla desde ella misma
(*Ojo sencillo* 47)

o,

Que la escuela poética tal
es mejor que más cual

no es tiempo ahora

que la doctrina yanqui es superior
a la rusa

no es tiempo ahora

que hay que unir a América
y poner en claro doctrina propia

ya es hora!
(*Ojo sencillo* 54)

Y yendo a las raíces de lo más americano:

actuándome los incas desde adentro
me camina la resurrección
trabájame bendiciones el futuro
que soy América naciendo

Trabájame América. Yo soy América
uniéndome la sangre
unido me levanto solo
Aquí estoy Presente!
(*Ojo sencillo* 59)

Siguiendo los lineamientos críticos y educativos en la obra
de Freire, el poeta subraya como el sistema educativo regente
coarta la libertad del educando, puesto que no le enseña a
cuestionar su papel en el mundo y en la sociedad. Por el
contrario le enseña, dentro de la ideología de compartamen-
talización, desde el mismo comienzo del proceso educativo,
a amar unos sistemas de conocimientos y a operar con des-
conocimiento de otros y sospecha de todo lo que no encaje
dentro de una metodología, prácticas y filosofías, como si
éstas no fueran de valor alguno (Catalá, *Cienciapoesía* 10)

150.   De esta visión tubular surge, como consecuencia una
incapacidad de creación de consciencia universal y por ende,
de integración con el mundo, con la naturaleza y con otros
aspectos que no toquen, directa o indirectamente el campo
que se ha elegido como el más importante, con el cual se ha
firmado una especie de contrato, tácito e inconsciente, en la
mayoría de los casos.[3] De ahí, también, que Catalá, el poeta, anote asombrado el hecho de que el humanista, el científico o el tecnólogo del siglo XX, por ejemplo, viva rodeado o
inmerso en un mundo que desconoce, pero del cual se sirven
inconscientemente. Cuando debiera ser: "En tiempos científicos, universidad científica, pues, ¿qué es ver una cosa y no
saber qué es?" (Martí, cit., *Cienciapoesía* 11).

151.   Por eso pasa lo que pasa en el campo científico,
también, como anota Catalá, que la palabra ética no tiene
ninguna significación, como debiera tener, pues, incluso en
este mismo campo científico, irónicamente, la palabra ética
carece de significación científica también. Por esa misma
circunstancia, toda solución que proviene del mundo científico esta desprovista también de este aspecto fundamental
para la sociedad y la naturaleza mismas. De ahí resulta natu-

---

[3] Serres nos recuerda, por ejemplo, en *Le Contrat Naturel*, que vivimos mediante un contrato social, del cual se ha excluído a la naturaleza misma como
parte de ese contrato, puesto que ya no hablamos tampoco el lenguaje de la
naturaleza. Ahora hablamos, casi excluvisamente, el lenguaje de la tecnología, de la ciencia, de la abstracción.

ral ver que el poeta se alarme y perciba, que al científico moderno le falta una buena dosis de ética y de responsabilidad frente a su entorno natural y frente al mundo social, pues si no fuera así, no se dedicaría a la fabricación irresponsable e inmoral de armas químicas, biológicas y nucleares como las que se fabrican en las naciones industrializadas —cada vez en escalas mayores y con mayores dosis de poder letal. ¡Como si este fuera el mejor medio de solucionar los conflictos y problemas del mundo moderno!

152.   No tiene porque ser así, pues, como nos recuerda el poeta, lo poéticamente humano y natural existe primero que lo meramente técnico y científico que se materializa en progreso, arrogancia y ceguera, cuando se olvida quienes somos, de dónde venimos y para dónde vamos. Cuando debiera haber una integración a través de lo poético y el sentimiento de lo humano; integración que debe reclamar su espacio dentro de los paradigmas científicos y tecnológicos del siglo XX y los que siguen. Lo poético, como lo ve Serres, por ejemplo, en poetas, tales como Lucrecio y en su *De rerum natura* y en filósofos, tales como Leibniz, es también física, ciencia de la energía, lenguaje mismo que rige la vida y el universo. De donde puede escribirse, parafraseando la iluminación de Einstein vertida en el poema físico $E= c \, m^2$: física = poesía. De ahí, también, que la imaginación del físico no sea otra que la del poeta y viceversa. Y de ahí mismo, que los misterios de la creación humana y la del universo pertenezcan, primero que todo, a una poética, que luego toma nombres tales como física, nueva física, mecánica cuántica, partículas elementales, energía, turbulencia, caos... (Serres, *La Naissance de la Physique dans le Texte de Lucrece* 9).

153.   Estas visiones llevan al poeta a entrever un paradigma científico-poético que habla del mundo y de la transformación por la acción de la tecnología y de la ciencia. Catalá deja entrever esta visión dentro de una serie de poemas que él define como infraestructura de su edificio

poético, praxis y estrategia de reflexión (*Cienciapoesía*, ed. Orígenes 10). La espontaneidad juega aquí un papel preponderante de iluminación, de movimiento creativo, de imaginar, de vislumbrar, como sucede en la creación de hipótesis y de paradigmas,[4] que sirven de pasajes y de puentes que conectan la visión del mundo. Como percibe Catalá, la espontaneidad es un elemento de esta visión que puede funcionar a nivel inconsciente, que exige que sea articulado, y en la cual Catalá reconoce el papel preponderante de la intuición de la mente.

154. Asimismo, la imaginación del poeta, como la del científico, también va más allá de los límites físicos conocidos o imaginados, de donde surgen la explosión, la turbulencia, el ruido, el caos y el movimiento de la energía, el lenguaje, la vida y el sentimiento poético y científico (Serres, *La Distribution* 9). De este privilegio que depara la imaginación, de descubrir a través del lenguaje poético, también nos da un ejemplo Rafael Catalá en poemas donde nos recuerda, al bucear dentro del mismo ser, que existe una consciencia que se ha hecho cargo de sí misma; lenguaje mismo, movimiento de concientización, de conversación misma, diálogo de la vida con la vida, con el átomo, la materia, la gravedad, el espacio y con el tiempo; en fin con las constantes universales de la poética, de la ontología, de la física.

155. He aquí algunos poemas que hablan de esta visión integrada, de movimiento y de múltiples facetas:

---

[4] Ver por ejemplo, Fernand Hallyn, "Introduction", *The Poetic Structure of the World*, pp. 7-31; y Lawrence Leshan & Henry Margueneau, "Alternate Realities" y "Structures of Reality: Domains and Realms" en *Einstein Spaice and Van Gogh's Sky. Physical Reality and Beyond*, pp. 3-38.

Identidad

¿Y qué hay en la tierra que no sea yo?
Yo es mi único nombre
y yo es la única vida
            (*Cienciapoesía* 56)

Identidad II

Y en las raíces encarnada
la vida de las hojas
y en el agua y el aire que penetra

En la luz eléctrica que ama,
el tibio cuidar que a veces es humano.
O en el polvo de estrellas que cae literalmente,
segundo a segundo.

Una es la vida que alimenta las rocas,
 los cuerpos, las hojas, y la tierra

Una es en nosotros hijos del sol
encarnación de la consciencia
de que nos damos cuenta
            (*Cienciapoesía* 57)

Turbulencia

Turbulencia interestelar salto en planetas
explosión, fuego, aire, celula y pez
mono y arena

                        ...

Turbulencia en fluídos determina la eficiencia
de las mangas del eje o de las chumaceras
caos con orden, empollar vectores
amantes cuánticos bailando en ecuaciones

...

Despertamos a comprender la turbulencia desde
                                         \ adentro
—como principio físico en nuestra sangre, en la taza
 del café matutino...

                    ...

y qué es el choque frontal de rayos
materia con antimateria?
aniquilación ques nacer a un nuevo orden?

turbulencia es proceso de nuestra conciencia
es principio de vida y conducta molecular.

¿ Y qué somos nosotros si no eso?
                    (*Cienciapoesía*, 46)

o en "Sólo es el baile"

                    ...

Todo esta unido por relaciones
            que no se ven
            que si se ven

Quánticos campos quel tacto ya no es el tacto,
que nuestros pasos no son los pasos:
no hay bailarines, sólo es el baile

Es que no hay hombres: sólo hay un hombre
que se proyecta en mil reflejos.
Que hay una Eva queson mil Evas
y no hay bailarines, solo hay el baile
                    (*Cienciapoesía* 54)

Obras citadas

Catalá, Rafael. *Cienciapoesía*. Minneapolis: Prisma Books, 1986.

_____ *Cienciapoesía*. Madrid: Orígenes, 1986.

_____ *Copulantes*. Minneapolis: Prisma Books, 1986.

_____ *Ojo sencillo/Triqui-traque*. New York: Editorial Cartago, 1975.

Hallyn, Fernand. "Introduction." *The Poetic Structure of the World*. Trans. Donald M. Leslie. New York: Zone, 1990.

Leshan, Lawrence & Margueneau, Henry. "Alternate Realities" and "Structures of Reality: Domains and Realms" *Einstein Space & Van Gogh's Sky. Physical Reality and Beyond*. New York: McMillan, 1982.

Paz, Octavio. *Convergences*. Trans. Helen Lane. New York: Harcourt, 1987.

Serres, Michel. *Le Contrat Naturel*. Paris: Francois Bourin, 1990

_____, et al. *Elements D'Histoire des Sciences*. Paris: Bordas, 1989.

_____ *La Naissance de la Physique dans le Text de Lucrece*. Flueves et Turbulences. Paris: Minuit, 1977.

_____ *Hermes IV. La Distribution*. Paris: Minuit, 1977.

La práctica de un ethos ecológico: sobre el vivir de acuerdo con la Cienciapoesía

William Homestead
Purdue University

(Traducción del inglés: Yolanda Gamboa)

156.

... con "actitud," me refiero a un modo de relacionarse con la realidad contemporánea; una elección voluntaria hecha por ciertas personas; al final, un modo de pensar y sentir; un modo también, de actuar y de comportarse que a un tiempo marca una relación de pertenencia y se presenta como un deber. Sin duda, algo así como lo que los griegos denominaban un ethos.
—M. Foucault, "What is the Enlightenment?"

I

Nunca debiéramos dejar de preguntarnos cómo deberíamos vivir nuestras vidas. Al tiempo que vamos actuando y reaccionando en los momentos espontáneos del día, debemos confrontar nuevas preguntas continuamente y estar abiertos a pensar de nuevo en aquellas antiguas sobre las que meditamos y razonamos en épocas anteriores. Parecería aconsejable entonces que, al considerar la cuestión de nuestra finitud—y dándonos cuenta de que no existen respuestas finales—hiciéramos como sugerió Rilke y aprendiéramos a seguir viviendo con las propias preguntas. Pero ¿cuáles son las preguntas acertadas? ¿Cuáles son las que tienen más sentido en nuestra época?

157.   En el ensayo en el que aparece la cita mencionada anteriormente, Foucault reitera la cuestión propuesta por Kant en 1784: ¿Qué es la Ilustración? a la que Kant responde de un modo contundente "¡Sapere Aude!"—"Ten el coraje de hacer uso de tu propia razón," o simplemente: "¡Atrévete a saber!"(462) Claramente, esto nos llega al fondo ya que requiere que nos hagamos más preguntas—y no sólo cualquier tipo de pregunta sino nuestras propias preguntas, aquellas que hemos generado mediante el uso de la razón. Kant sentía que "la incapacidad (del individuo) de hacer uso de su propia opinión sin dejarse orientar por la de otros" era el problema de su época. El comprendió que "el público debería ilustrarse a sí mismo. . . sólo si se garantiza la libertad." (Kant 463)

158.   Casi doscientos años más tarde, Foucault vuelve a esta cuestión porque, tal como él dice, "la filosofía moderna es la filosofía que intenta responder a la pregunta que se formuló de un modo tan imprudente hace dos siglos: ¿Qué es la Ilustración?" (Foucault 32) (Para Foucault, ahora que vivimos en una época de "desarrollo" técnico e industrial, la

cuestión del potencial de libertad de la humanidad continúa
resonando. A continuación de la cita mencionada al principio
de este ensayo, se pregunta si podemos "concebir la modernidad más como una actitud que como un período histórico"
y, por consiguiente, también piensa en los elementos de la
contra-modernidad que limitan nuestra libertad y nos impi-
den manifestar esta actitud (39). Foucault, como el pensador
que es, describe rigurosamente este dilema y a continuación
nos deja con incluso más preguntas con las que debemos
seguir viviendo. Nos reta a concebir "una actitud, un ethos,
una vida filosófica en la que la crítica de lo que somos sea al
mismo tiempo el análisis histórico de los límites que se nos
han impuesto y un experimentar con la posibilidad de ir más
allá de los mismos."(50)

159.   En este ensayo, me atreveré a experimentar con un
ethos que refleje nuestra necesidad de hacer preguntas autén-
ticas y de explorar nuevas posibilidades. Situaré mi argu-
mento en la línea de la obra de Martin Heidegger para proponer que el proyecto de la cienciapoesía nos proporciona un
lugar sobre el cual situarnos, o más bien, en el que habitar
mientras confrontamos las crisis ecológicas de este fin de
siglo. Presiento que la cienciapoesía no sólo nos ayuda a desarrollar unas coordenadas éticas para entender las cuestiones de nuestro tiempo, sino que por consiguiente, también
solicita que practiquemos un ethos ecológico.

I I

160.   Por mucho que afirmemos nuestra adhesión al
propósito explícito de Ometeca[1] de examinar las Ciencias y
las Humanidades como una única expresión, tendría escaso

---

[1] El Ometeca Institute es una organización, sin fines de lucro, que se dedica
al estudio de las relaciones entre las ciencias y las humanidades. [editor]

valor si olvidáramos que esto representa una ética que debiera ser, tal como nos recuerda Catalá, "una constante
consciente en nuestras vidas diarias." ¿Cómo vamos a vivir
entonces la Cienciapoesía? ¿Cómo podemos practicar lo que
hemos llegado a predicar?

161.   Quizás podamos empezar a elucidar una respuesta a
estas cuestiones dándonos cuenta, en primer lugar, de que la
devastación ambiental actual es el resultado de la incomprensión del hecho de que las ciencias y las humanidades de
hecho nunca se han separado, sino que han crecido aparte la
una de la otra a causa de su institucionalización. El científico
no puede experimentar en su campo aislado sin que esa experiencia repercuta en todos los demás campos. Pero ¿cómo
traducimos esta observación en la expresión diaria de un tipo
de ética? En el pasado confiamos en que la Ley Divina nos
ayudara a guiar nuestros actos, pero la razón dejó de lado la
noción de un Dios transcendente y sólo nos quedó el seguir
la arrogancia propia del humanista antropocéntrico. Hoy,
mientras seguimos sufriendo de las heridas causadas por las
contradicciones inherentes a nuestro intento de pilotear o di-
rigir nuestras vidas con prudencia, es imperioso que cons-
truyamos una base de acción que no sea dogmática a fin de
combatir la vaciedad ética de la así llamada época postmoderna. Si no lo hacemos, el espacio que se abra con la desconstrucción de la modernidad, no estará vacío sino lleno de
un capitalismo (i)-lógico y el culto a un Uso (in)-Sensato.
Entonces ¿hacia dónde dirigirnos? Empecemos por examinar
al pensador del siglo veinte al que se le describió en una
ocasión como el "primer teórico en la lucha ecológica."(Zimmerman 200)

162.   Martin Heidegger nos proporciona un buen punto de
partida desde el qué pensar en nuestro predicamento
ecológico ya que comprendió las cualidades destructivas y
alienantes de la era atómica. En "The Question Concerning
Technology," describe nuestra situación como una en la cual
"no somos libres en ningún lugar y seguimos encadenados a
la tecnología, tanto si lo afirmamos ardientemente como si lo

negamos" (Heidegger, 1977 4). De todos modos, a pesar de las implicaciones determinísticas de esta afirmación ignominiosa, Heidegger nos exhorta a pensar con valentía a fin de desligarnos de esa capacidad de la tecnología para "cautivar, hechizar, deslumbrar y engañar." (Heidegger, 1966 56) Más concretamente, se nos llama a meditar mediante "la liberación de las cosas y la exploración del misterio" (56). El intuye que practicando este modo de pensar podemos empezar a desarrollar un ethos.

163.   Para Heidegger, un ethos es la "comprensión total y el respeto respecto con el Ser de todos los seres." (Zimmerman 107-108) De acuerdo con Calvin O. Schrag en su capítulo titulado "Ethos, Ethics, and a New Humanism," Heidegger también tradujo el término del griego como "vivienda" o "morada"(Scharg 200). Por consiguiente, vivimos con autenticidad en la tierra en la medida en que permitimos "ser al Ser." El Ecologista Profundo interpreta esta vivienda como una actitud de igualdad biocéntrica y una desarrollada "conciencia de lugar" de modo que estemos "alerta a los procesos naturales de nuestra biorregión." (Deval & Sessions 98).

164.   ¿Qué significa exactamente eso de permitir ser al Ser? Sin duda sugiere un determinado modo de funcionar del ego[2], aunque para muchos, indiscutiblemente pudiera parecer una noción vaga que nos condujera precisamente a no actuar. Pero aunque Heidegger no nos proporcione soluciones precisas, es uno de los pocos pensadores modernos occidentales que propone la base para el desarrollo de una ética. Él nos llama a desarrollar un nuevo ethos dentro de nuestra propia tradición a fin de que "lleguemos al camino que conduzca a unas nuevas bases y a unos nuevos fundamentos." (Heidegger 56-57)

---

[2] Con esto no pretendo sugerir la vuelta a la noción modernista del sujeto sino la concepción de un yo integral y construido socialmente tal como el que desarrolla Heidegger en su obra.

165.   Tal vez, al permanecer abierta al misterio, nuestra época pueda imaginar una base sin bases que conduzca a una acción adecuada. La siguiente sección proporciona el principio a seguir para el desarrollo de tal propósito.

I I I

166.

Al imaginar cómo son las cosas, no hay mejor lugar donde empezar que con la ciencia moderna. Del mismo modo, no hay peor lugar donde acabar.
—Huston Smith

La poesía no vuela por las alturas ni por encima de la tierra a fin de escapar de ella y de quedarse suspendida en el aire. La poesía es lo primero que atrae al hombre a la tierra, haciéndole pertenecer a ella y de este modo, le conduce a morar.
— Martin Heidegger

En un prólogo reciente a *Ometeca*, Rafael Catalá escribe que la Cienciapoesía se hará realidad sólo cuando "las Ciencias y las Humanidades se conviertan en un acontecimiento diario y espontáneo en nuestras vidas."(Catalá, *Ometeca* 13) Las citas anteriores dan fuerza a esta afirmación porque nos hacen darnos cuenta de la influencia ineludible que la ciencia y la poesía tienen en nuestras vidas. Cegarnos a estas influencias es ignorar nuestro potencial dejándolo latente y ausente. Esta es, desafortunadamente, la situación crítica en la que se encuentran muchos que viven —pero no moran verdaderamente— en esta tierra. Cuando nos sentimos inseguros y, por consiguiente, nos encontramos en la

posición adecuada para empezar a "meditar," a menudo estamos lejos de situarnos de nuevo en una posición que nos
permita "dejarnos llevar" totalmente hacia nuevas posibilidades. Presentimos que hay algo más, pero decidimos con-
formarnos con mucho menos, ya que los principios con los
que contamos para comprender nuestros deseos se encuentran en un complejo engranaje conjuntamente con una sociedad de consumo que se alimenta de una ética de (super)-
consumismo. En vez de convertir nuestras vidas en una
"fricción contraria a fin de detener la máquina," (Thoreau
233) nos encontramos atrincherados en una sociedad en la
cual la tecnología cuenta con ciertos prejuicios inherentes en
referencia a cómo debieran o van a usarse —incluyendo entre ellos prejuicios inherentes contra la naturaleza[3]. Con un
escaso interés en dudar de estos prejuicios, tendemos a expresar una actitud de aceptación, reflejada y legitimizada por
la aceptación de los demás.

167.   La Cienciapoesía consiste en reencontrar ese potencial que siempre ha sido nuestro. Nos permite reactivar las
necesidades y habilidades que se han dejado por explotar en
una cultura tecnológica que privilegia los modos de relacionarse con ella sin cuestionarla. El proceso mediante el
cual reintegramos nuestro yo científico y humanístico a fin
de crear un nuevo ethos, es el que nos proporciona un sentido profundo de nuestra relación con otros seres así como
con la tierra. De todos modos, para lograr esta integración
debemos primero articular una formulación desde, y por
medio de la cual, podamos empezar a vivir las preguntas
adecuadas. En el siguiente pasaje de la "Introducción a la
Cienciapoesía" de Catalá nos encontramos con una expresión
indicativa de la actitud de la Cienciapoesía:

> Al mirar los árboles en el campo, los
> señalamos y decimos "naturaleza." Al refle-
> xionar sobre lo que hemos hecho, nos damos

---

[3] Para una discusión detallada de este aspecto véase Jerry Mander. *In the Absence of the Sacred* . San Francisco: Sierra Club Books, 1992.

cuenta de que nosotros también somos "naturaleza," y de que la naturaleza y nosotros
somos uno sólo. Por la noche, al contemplar
un cielo estrellado y señalar hacia arriba de-
cimos "el universo." Del mismo modo, al
reflexionar, nos damos cuenta de que la tierra
está en el universo y de que nosotros estamos en la tierra. Nos damos cuenta de que la
tierra y nosotros somos uno, y de que la
tierra a su vez es una con el universo y con
nosotros. Una vez hayamos observado esta
relación, nunca más podremos volver a
señalar los árboles o las estrellas sin
señalarnos también a nosotros mismos.
(Catalá, "Introduction to Sciencepoetry" 6-7)

El hecho de seamos parte de la naturaleza aparece aquí indicado claramente, pero sólo empezamos realmente a com-
prenderlo cuando consideramos por primera vez cuán vasto
es el universo en el que esto tiene lugar. Es sólo al contemplar la inmensidad de la que somos parte, cuando la conexión entre cada uno de nosotros con los demás y con la tierra
empieza a tener sentido. La total incomprensión del tamaño
del cosmos sugiere una ética por el simple hecho de que es
incomprensible. O más bien, el hecho de que nuestra razón
sólo pueda darnos respuestas incompletas cuando se le presenta la cuestión de nuestro lugar en el universo, nos dice
algo respecto al lugar de la razón en lo que concierne a nuestra experiencia del mundo. Nuestra razón no es el fin de
nuestra experiencia pero es lo que nos ayuda a lograr la
comprensión más completa de nuestra existencia de la que
somos capaces. La persona sabia, por consiguiente, utiliza la
razón para comprender sus límites. Podemos llegar a comprender ésto cuando contemplamos cuán vasto es el universo
en comparación a aquello de lo que hemos hecho nuestra
realidad diaria. Nuestros pensamientos desaparecen y nos
quedamos con una sensación de admiración que como mejor
podría describirse es como una sensación de humildad. Esto
no quiere decir que nos quedemos dóciles o inmóviles sino
que nos damos cuenta de que "todo lo que sabemos es que

no podemos llegar a saber nada completamente." El llegar a
darnos cuenta de esto hace que nuestro anterior modo de
pensar —caracterizado por una fácil creación de divisiones—
de paso a un modo diferente que siga aprehendiendo las
diferencias pero que también sea capaz de reconocer las
relaciones.

168.   Entonces, ya que al señalar el cielo estrellado una
sensación de admiración y de humildad se apodera de
nosotros, estamos ahora más capacitados para señalarnos a
nosotros mismos y experimentar una unión con todo lo existente. Podemos identificarnos con la tierra como un todo
—árboles, plantas, seres humanos y animales— y nuestras
diversas relaciones empiezan a venir marcadas por una ética
de compasión. Podemos experimentarnos a nosotros mismos como partes integrantes de un gran despliegue cósmico.
Como consecuencia de esto, podemos empezar a darnos
cuenta de que con nuestra indiferencia respecto a la tierra nos
estamos perjudicando a nosotros mismos. Esto no quiere
decir que hayamos de caer en la trampa antropocéntrica del
querer "salvar" la tierra porque queramos salvarnos a
nosotros mismos, sino más bien que, para empezar, nuestra
sensación de unión y de compasión debiera impedirnos el
causar algún daño.

169.   Parece que hayamos desarrollado dos principios que
puedan guiar la ética: la vastedad y la interrelación, pero
antes de pasar a describir maneras específicas de expresarla
en nuestras vidas cotidianas, hay otro principio fundamental
que debemos considerar. La cienciapoesía es, ante todo, un
proceso o "una praxis de integración."(Catalá, *Ometeca* 13)
Ello significa que es una entidad que se revela constantemente y que encuentra su propia expresión en la acción. En
otras palabras, está abierta conscientemente a un universo
caracterizado por el flujo y la fluidez. No pretende de ningún
modo ser un sistema cerrado, sino que se sabe participante
activo de una circunstancia cultural que cambia constantemente. Por consiguiente, el principio del flujo y la fluidez,
inspira nuestras acciones. A la vez que nos permite conocer

y actuar con convicción, también nos fuerza a permanecer abiertos a nuevos conocimientos. Actúa como medida correctiva del dogmatismo y clama por una Verdad final así que, como resultado, nos proporciona la ética de la receptividad a modo de guía.

170. En esta sección he utilizado la cienciapoesía para proponer una base de acción no dogmática caracterizada por los principios de vastedad, interrelación, flujo y fluidez y sus correspondientes éticas de humildad, compasión y receptividad. He seguido el camino de Heidegger, del ampliar el contexto en el que pensamos a fin de proponer las "bases"de la comprensión. Pero para que esta comprensión sea auténtica debe tener como resultado la acción. En cualquier caso, en lo que respecta a la acción, debemos separarnos de Heidegger y abarcar una noción de intervención que sea más comprometida. Los principios que he formulado son la fuente de una tremenda energía. Si esto no constituye una parte de nuestra experiencia, dejemos entonces que ésta nos indique que hemos errado. El darnos cuenta conscientemente de esta ética debiera empujarnos a morar de un modo creativo y espontáneo.

171. Quizás no haya dicho nada nuevo en la sección precedente pero el sentar las bases de una ética en la convergencia entre la ciencia y las humanidades —con la razón y la experiencia— procede de una tradición que anteriormente ya estaba a nuestro alcance. Propongo ahora la utilización de dicha tradición para formular lo que le es más necesario: un ethos ecológico.

IV

172.

Si hoy es un día típico en el planeta
tierra, los seres humanos añadirán
quince millones de toneladas de car-
bón a la atmósfera, destruirán 115
millas cuadradas de selva tropical,
crearán un desierto de setenta y dos
millas, eliminarán de cuarenta a
cien especies, erosionarán setenta y
un millón de toneladas de mantillo,
añadirán veintisiete centenares de
toneladas de clorofluocarbonos a la
estratósfera y aumentarán su
población en 263 miles.
—David Orr, *Ecological Literacy.*

Empecé este ensayo preguntando cuáles eran las
cuestiones de más importancia para nuestro tiempo. La cita
anterior debiera presentar claramente que tales cuestiones son
ecológicas a la vez que urgentes. Para que nos relacionemos
con sentido con esta realidad contemporánea, debemos empezar por no ignorar que existe. Después de todo, ¿para qué
sirve una educación que pase por alto la problemática de la
subsistencia del planeta? Como consecuencia del cuestiona-
miento llevado a cabo por la Cienciapoesía, de la división
esquemática entre las ciencias y las humanidades en nuestro
sistema educativo y de su resultante ausencia de ética, debemos poner énfasis en esta absurda situación ya que se refiere
a la ecología. En suma, contamos con un sistema educativo
ignorante ya que niega la vida misma. Por consiguiente, el
primer paso para desarrollar un ethos ecológico es el ser
conscientes de este estado ridículo en que se encuentra la
situación, y el dar un paso para intentar corregirla. Debemos
reconocer que "toda educación es una educación respecto al
medio ambiente" y responder a las obligaciones que esto nos
impone.(Orr 90) Si esto sonara como si se nos estuvieran

imponiendo límites a nuestra libertad académica, sería sensato recordar que en su ausencia ya hay otros límites en su lugar.[4]   Cuando no se utiliza ningún criterio de tipo ecológico, se utiliza uno de otro tipo. Debemos deternos a considerar a qué está contribuyendo nuestra "enseñanza" y si debiera dirigirse en una dirección diferente. Un ethos ecológico puede verse como un principio hacia la creación de un criterio que nos permita evaluar lo que estamos aportando a la clase.

173.   Tal como aparecía indicado en la cita de Foucault al inicio de este ensayo, un ethos es una actuación que "al mismo tiempo marca una relación de pertenenecia que se presenta como un deber." (Foucault, 1984 39)   Por ello, un ethos ecológico tiene lugar cuando nos damos cuenta de que pertenecemos a la tierra y que por lo tanto tenemos el deber de vivir en armonía con la misma. Sin embargo, ahora estamos entrando en ese tipo de lenguaje vago por el que anteriormente critiqué a Heidegger. ¿Cómo logramos ese objetivo, a menudo proclamado, de vivir en armonía con la tierra? En primer lugar, podemos empezar con salirnos del modo de pensar dualista tan característico de este siglo. A la vez que la división entre las ciencias y las humanidades, tenemos separaciones entre política y misticismo, materialidad y espiritualidad, razón e intuición, etc. Apelando a los principios de vastedad, interrelación y fluir y fluidez, podremos observar que, mientras tales dualidades "parecen ser una necesidad de la psique humana y de la propia necesidad de comunicación" no caracterizan quiénes somos en lo que respecta a nuestro lugar en el universo.(Catalá, Intro. 12) Morar con autenticidad en la tierra supone encarnar una visión integral que permita ver más allá de las aparentes dualidades. Es sólo llegando a un ethos que experimente esto como una realidad que podremos escapar de sus consecuencias perjudiciales. Por desgracia, este modo de pensar divi-

---

[4] Para una discusión detallada, véase, C. A. Bowers. *Education, Cultural Myths and Ecologic Crisis*. Albany: SUNY, 1993.

sorio en ningún lugar resulta tan problemático como en los debates actuales referentes a la verdad total. A la vez que hemos ido saliéndonos de la era moderna (¿y entrando quizás la postmoderna?) nos hemos ido encontrando plagados por una crítica de las afirmaciones universalizantes que han quedado sin ser reemplazadas. Es como si nuestro entendimiento se limitara o bien a respuestas absolutas, o bien a su continua desconstrucción.

174.   Debemos aprender a reconocer conscientemente el pensamiento y las actitudes dualistas y contribuir a que se difundan. Cuando en una conversación se nos confronte con esas dicotomías, aparentemente insolventables, debemos recordar que nuestro desacuerdo tiene sus raíces en una biosfera interdependiente en la cual existe una relación profunda entre el buen funcionamiento de los sistemas naturales y el bienestar de seres humanos así como de otros seres vivos. El propósito de ir haciéndonos preguntas e ir recibiendo respuestas no debe verse como esa búsqueda de una verdad inmutable o de la crítica constante en la que nunca podemos llegar a saber nada. Por el contrario, se trata del proceso mediante el cual internalizamos nuestro conocimiento y desarrollamos una concientización que se manifiesta por medio del vivir armónicamente. No participamos en el debate a fin de vencer o de parecer inteligentes, sino que con el fin de aumentar lo que hemos señalado como sabiduría y prudencia en todas nuestras relaciones.

* * * * *

175.   Vivir la Cienciapoesía es pues, utilizar nuestra razón a fin de formular una ética reveladora. Consiste en darnos cuenta de que sólo un cambio radical en el conocimiento de nosotros mismos y de nuestro lugar en el universo puede dar un giro a la actual crisis ecológica. Es, sobre todo, una llamada a la acción. Dentro de la universidad, un ethos ecológico desarrollado nos proporciona la base de una praxis ya que es la antítesis de la compartimentalización del conocimiento. Es sólo al separarnos de nosotros mismos,

cuando nos encontramos por los pasillos de la universidad, cuando somos capaces de olvidarnos de que estamos arraigados a la tierra y así hacer caso omiso de nuestras responsabilidades. Como profesores, si no traemos las cuestiones ecológicas a la clase de un modo directo, por lo menos deberíamos aportar un ethos ecológico a nuestras discusiones dentro de las diferentes disciplinas académicas. Debemos relacionarnos con nuestros estudiantes con el conocimiento de que nuestras elecciones vitales no pueden separarse del bienestar de la totalidad del ecosistema ya que, tal como advirtió Heidegger "si nos congelamos y nos convertimos en una percepción unidimensional del ser, dejaremos de ser humanos —ya que lo que es esencial a la humanidad es la capacidad de estar abierto a modos creativos y novedosos de comprender aquello que es."(Zimmerman 105) "Aquello que es" es la tierra y el modo como nos relacionamos con ella. Si hemos de ser totalmente humanos en esta época de destrucción ecológica, debemos de integrar las ciencias y las humanidades dentro de nosotros mismos siendo científicos y poetas, místicos y activistas, a la vez que académicos.

176.   A fin de que se opere un cambio radical en nuestro modo de comprender, primero debemos volvernos radicales nosotros mismos. Encarnar de un modo genuino los principios presentados en este ensayo consiste en montar en cólera cuando vemos que se pisotean tales principios. Debemos utilizar esta energía de un modo consciente como la fuerza para participar y tomar posiciones, para entrar en el discurso político y en la acción. Sólo entonces estaremos realmente practicando un ethos ecológico.

Obras citadas

Bowers, C. A. *Education, Cultural Myths and Ecologic Crisis*. Albany: SUNY, 1993.

Catalá, Rafael. "Prólogo", *Ometeca*, Vol. 2:2 (1991): 7-14.

_____ *Cienciapoesía*. Minneapolis: Prisma Books, 1986.

Devall, Bill; and Sessions, George. *Deep Ecology.* Salt Lake City: Gibbs Smith, 1985.

Foucault, Michel. "What Is Enlghtenment?" in *The Foucault Reader.* Trans. Catherine Porter. New York: Pantheon Books, 1984.

Heidegger, Martin. *The Question Concerning Technology.* Trans. William Lovitt. New York: Harper and Row, 1977.

_____ *Discourse on Thinking.* Trans. John M. Anderson and E. Hans Freund. New York: Harper and Row, 1966.

Kant, Immanuel. "What Is Enlightenment?" in *Kant: Selections.* Trans. Lewis White Beck. Cambridge: Cambridge University Press.

Mander, Jerry. *In the Absence of the Sacred* .San Francisco: Sierra Club Books, 1992.

Orr, David. *Ecological Literacy.* Albany: State University of New York Press, 1992.

Schrag, Calvin O. *Communicative Praxis and the Space of Subjectivity.* Bloomington: Indiana University Press, 1986.

Thoreau, Henry David. *Walden and Resistance to Civil Government.* Ed. William Rossi. New York: W. W. Norton, 1966.

Zimmerman, Michael. "Toward a Heideggerean Ethos for Radical Environmentalism,"*Enviromental Ethics* 5, Summer 1983.

La cienciapoesía de Rafael Catalá

Wilma Detjens
Wichita State University

177. El poeta cubano Rafael Catalá ha forjado una unión
fuerte entre los campos de la ciencia y la literatura, tanto en
su poesía como en su trabajo académico, y da el nombre de
"cienciapoesía" a su creación. Tanto el poeta como los es-
tudiosos de su obra han nombrado la ciencia, la teología de
la liberación, y la pedagogía de los oprimidos como las tres
grandes influencias en su arte. Hasta en poemas escritos
antes de la creación del término "cienciapoesía" se pueden
identificar y analizar estos elementos. Su presencia resulta
esencial para fomentar el compromiso y la acción que urge
Catalá en su obra. Conviene también considerar los componentes más básicos de la estética de la ciencia, la teología de
la liberación, y las ideas de Paulo Freire sobre la educación
de las masas para mejor comprender el mensaje de Catalá y
por esto voy a investigar en este trabajo el papel que desem-
peñan la mitología, las tradiciones de la familia y el estudio
de la sicología humana en la poesía de Catalá. La mitología
intenta explicar la creación del universo de la misma manera
en que la física teórica busca los orígenes de las primeras

partículas y la respuesta a la pregunta, ¿cómo podrían haberse convertido en galaxias estas primeras partículas? Estas dos búsquedas tan aparentemente dispares tienen una meta común e innegable. La meta es mística y tal vez inalcanzable, pero durante siglos se ha considerado digna y hasta imprescindible de alcanzar. La nombramos "la verdad". Las tradiciones familiares que quiero discutir son toda una serie de percepciones del mundo comunicadas al niño a propósito o inadvertidamente por los seres más cercanos a esta conciencia en desarrollo, y que afectan profundamente su sistema de creencias durante toda la vida. Algunos científicos y sicólogos sugieren que el niño está completamente formado —unos dirían arruinado— a la edad de cuatro años. Esta experiencia es común al ser humano por todo el mundo, tiene raíces muy hondas y no se puede descontar de cualquier análisis de lo que llamamos arte. La sicología es una ciencia o un arte que pretende explicar sistemáticamente las acciones de los seres vivientes. Por lo general los conceptos de sus adeptos están basados en el sentido común y luego examinados bajo un escrutinio científico riguroso para ofrecer explicaciones lógicas a acciones muchas veces ilógicas, es decir, humanas. Si el científico enfoca su atención en estos elementos mientras busca las claves de la comprensión del universo físico y el poeta no deja de utilizar los conocimientos provenientes del mundo de la ciencia para crear su universo literario, los resultados serán aún más fructíferos en ambos campos. Este estudio demostrará cómo Rafael Catalá ha basado su cienciapoesía parcialmente en los ya mencionados elementos básicos al desarrollo del conocimiento científico, la teología de la liberación, y la pedagogía para las masas. Para mí, se ve una presentación sumamente convincente de la cosmovisión de este poeta.

178.   He escogido dos poemas que demuestran los efectos de la ciencia, la teología de la liberación y la pedagogía de los oprimidos, además de la influencia de la mitología, la importancia de la tradicion familiar y la utilidad de algunas teorías de la sicología humana en el primer tomo de poemás de Catalá. Son "You, my man, like all, are seeds" (24) y "El

cántaro de tres cantos" (45). La amalgama de la cienciapoesía incluye la mezcla de las lenguas española e inglesa, y
el primer poema que analizaremos está escrito en la lengua
comunmente aceptada como la más científica, mi lengua ma-
terna, el inglés:

> You, my man, like all, are seeds
> just waiting for the rain
> If you grow in India you'll have a face
> if in the States you'll have a face, if in the rich:
> a face, if in the medium cool: a face.
> If in red clay a face
> Each seed develops according to the wind,
> the sun, the rain. And all develop in their own perfection
> Be no afraid of what you like for perfect is the whole
> Each is perfect in their way and no perfection is a step above.

179.   Como el círculo, el cuadro y el círculo cuadrado,
todo hombre es perfecto, y "no perfection is a step above."
Todos son hermosos en la conciencia de Dios, todos mere-
cen oportunidades iguales de educación, todos comparten un
mundo, todos tienen una cara. El símbolo de la semilla aquí
evoca visiones de células que se dividen, del ADN y ARN que
precisan la apariencia exacta de una planta o de un animal
hermoso. También incluye la necesidad del nutrimento —la
lluvia, el sol y la tierra fértil— que permite que este proceso
científico siga; al mismo tiempo, sólo el ser humano puede
asegurar que la lluvia no sea ácida, que el sol no sea dema-
siado fuerte debido a huecos en la capa del ozono precipitado
por el uso de flurocarbones, y que la tierra no se contamine
con sustancias químicas nocivas. De igual manera, la estructura de la familia nutre al individuo como la tierra y la lluvia
nutren la vegetación. En otros poemas Catalá habla de sus
abuelos, sus padres y sus hijos, pero en éste la idea se es-
conde bajo la superficie, casi íntegra y al punto de brotar.
Las semillas que producen un individuo provienen de sus
antepasados, y bajo circunstancias ideales reciben su ali-
mento de los miembros de la familia. En cuanto a la creación
extraordinaria que produce esta semilla, la conexión con la

sicología también se sepulta bajo la superficie, pero una buena porción del trabajo de cada sicoanalista y cada pedagogo consiste en mostrar a su paciente o estudiante como descubrir el ser hermoso interior. Esencial a la creación de un mundo mejor es que la gente se quieran y se respeten a ellos mismos y a sus vecinos, y esto es lo que emprende el autor aquí y en mucha de su obra.

180.   "El cántaro de tres cantos" combina una referencia al Dios triuno del cristianismo, la importancia mítica, casi mágica del número tres, y la adaptación de este número a las relaciones humanas. Sigue el texto:

el cántaro de tres cantos

uno, dos y tres
tres en uno
uno en tres
Potencia de tres.
Uno con dos
dos con tres
tres con uno
Quien tiene uno tiene también dos y tres
Quien dos, uno y tres
Quien tres, dos y uno.
Hay quienes creen poseer sólo una cifra de las tres
Unos de un lado y de otro
pero hay unos en dos y tres
y dos en tres y tres en uno.
La Trinidad, tres en uno
el hombre, uno en tres
Adán está en Eva
Eva está en Adán
dos que son uno
uno que es tres

181.   La parte científica de este poema queda inmediatamente obviada con la presencia de los números en el primer verso, presentados en su orden consecutivo normal y sin otro contexto. El significado religioso de la Trinidad —uno

de los grandes misterios de la fe cristiana— pronto se evidencia, y para explicar el misterio Catalá escoge el ejemplo de los progenitores bíblicos, Adán y Eva, como prototipos del ser humano. Cuando dice que Adán está en Eva y Eva está Adán habla de nada menos que las estructuras básicas de la vida. En su poesía posterior nombra específicamente el ADN y el ARN, pero primero evoca estos elementos en el poema que estudiamos, y también concretiza la unión física, describiendo en términos religiosos como dos se transforman en uno, y el resultado de esta unión —la igualdad de todos los seres humanos y el poeta nos asegura que aunque algunos piensen que tan sólo controlan una parte del secreto, todos poseen las partes uno, dos y tres. El niño recibe su primera indoctrinación religiosa de sus padres por medio de explicaciones y ejemplos. La enseñanza formal que sigue no puede añadir nada a la comprensión del concepto de la unidad previamente impartida por sus padres. Los sicólogos pasan largas horas ayudando a sus pacientes a desentrañar la telaraña de ideas falsas que han desarrollado en cuanto a las relaciones familiares durante su niñez, y aunque Freud puede haber exagerado la importancia de las relaciones entre padres e hijos, la importancia de estos nexos en cuanto a la percepción del mundo que ha ideado cada ser humano no se puede negar. Estos son los primeros y más importantes contactos humanos que tiene cada uno y una experiencia común a casi todo ser humano.

182.   Juan Goytisolo afirma en el prólogo al próximo libro de Catalá, *Ojo sencillo / Triqui traque* que la "... poesía es sinónimo de rebeldía y resistencia, afirmación de nuestra creencia en un mundo habitable y justo, vehículo de la universal aspiración revolucionaria" (6), y propone como un ejemplo de esta verdad la poesía de Catalá. Hay mucha rebelión en la idea de la teología de la liberación y la educación de las masas, y esto se refleja en la materia y el estilo de *Ojo sencillo / Triqui traque*. Prefiero enfocar mi atención en dos poemas de esta colección que muestran de añadidura una fuente más honda, la del amor humano y la comprensión en-

tre seres humanos visto por medio de la cienciapoesía. Son "ars poética" y "Copulación profunda".

183.   El título de "ars poética" (23) indica el intento del poeta de ofrecernos su interpretación más concisa de su propia obra hasta el momento:

ars poética

Todos los estilos del mundo
sin amor son nada

Los cascos de guayaba
sin amor son nada

Cada paso en el camino
sin amor es nada

Cada palabra
sin amor no es nada

184.   En los primeros pareados el poeta rompe con las leyes tradicionales de la gramática española que acepta el uso de lo que nosotros los angloparlantes consideramos "double negatives." Los textos de lengua castellana convencionales insisten en el uso de la palabra *no* antes del verbo, por ejemplo "sin amor no son nada", y "sin amor no es nada". Los versos no tienen ritmo ni rima fija, y el poeta evita el uso de mayúsculas en el título y de puntuación en todo el poema. En esto se ve la rebelión étnica del poeta. Las ideas y los recursos que se usan para propocionárnoslas son, sin embargo, la parte más importante de la insurrección aquí. La repetición retórica de la idea de que varias cosas no son nada sin el amor es el primer tropo que se vislumbra, y las cosas que el poeta dice que son nada sin el amor se presentan en un orden muy interesante. Primero los estilos no son nada, y estos tienen que ver con la poesía y el mundo de ideas. Luego viene el casco de guayaba, un postre, un objeto concreto, pero también un símbolo que evoca sensaciones físicas y la idea filosófica del goce sensorial. El significado de

este verso puede ser que sin el amor en el sentido del placer sensual, no se puede gozar del casco de guayaba, pero también puede indicar que sin el amor en el sentido de la preparación cuidadosa, no se hace este postre. Uno piensa en la historia de los pasos de dos individuos que se hacen uno cuando Cristo conduce a un hombre por la parte más difícil de su viaje. El resultado final es que ninguna palabra vale nada sin el amor. Las palabras tienen que ser forzosamente una mezcla de lo concreto, la ciencia, y lo simbólico, la poesía. Son los átomos de que se construye el poema, y la poesía tiene que ser cienciapoesía, una mezcla de lo concreto y lo simbólico, y no es nada sin el amor. Esto es el ars poética de Rafael Catalá.

185.   El próximo poema que he escogido examina otro nivel del amor:

Copulación Profunda

De frente tú y yo
hombre y mujer
amada

en nuestro roce táctil
        profundo de palabras

en la fricción nocturna

en la danza

mujer y hombre
amado

en la clase

en esas palabras

en el pueblo protesta

hombre y mujer
amada

en el choque de muslos
brutal y terso

en tu conversación

en el almuerzo

de tus ojos

mujer y hombre
amado

en el choque de sábanas

en la ducha

en encuentros nocturnos

hombre y mujer
amada
tú y yo somos mucho más que cuerpos. (69-70)

186.   Esta vez se utilizan mayúsculas en el título, pero todavía no existe un rima ni ritmo fijo, y todavía no hay puntuación. Los protagonistas, "hombre y mujer amada" son
dos veces transformados por medio del chiasmo a "mujer y
hombre amado" para ser devueltos inmediatamente a su estado original. Hay también hay una separación entre dos
versos de sustantivo y adjetivo poco usual en la poesía española que le da un énfasis descomunal a la palabra amado/a.
Primero hay como un frotar hondo y palpable de palabras, y
luego contacto físico en un baile nocturno en el cual el poeta
enumera las maneras en que los dos son mucho más que
sólo dos cuerpos. Se introduce el concepto de "clase," y
como esta palabra tiene sus connotaciones políticas y
pedagógicas evoca las ideas de Paulo Freire y Gustavo
Gutiérrez. Entonces sugiere que los amantes son parte de un
pueblo rebelde. Una ilusión a la violencia y la pasión posibles en el acto íntimo se ve en el choque de muslos, pero la

ternura se reestablece inmediatamente en las conversaciones y el festín de los ojos. Hay otro choque, la acción sísmica de las sábanas seguida por duchas calmantes y encuentros nocturnos de índole mucho más suave, menos específico y menos sexual que los anteriores choques fuertes. El poema se completa como una ecuación o un soneto tradicional con el último verso, en el cual se presenta la idea principal de la obra. Los amantes son mucho más que sus cuerpos físicos, científicamente cuantificables, concretos y palpables. Son también toda la pasión y ternura y poesía existentes en el componente más mínimo de esta estructura física. En estos poemas de *Ojo sencillo /Triqui traque* la ciencia y la poesía se mezclan con el amor —el amor al prójimo en general en el primer ejemplo y el amor de una persona específica en el segundo— aunque hasta aquí no hemos visto la aparición del término *cienciapoesía*.

187.   Dice Catalá que "*Copulantes* nace del trabajo que viene gestándose en dos libros anteriores, *Círculo Cuadrado* y *Ojo sencillo/Triqui-traque. Copulantes* es el ser mestizo en todos los sentidos que somos, y el despertar conciente de las raíces que nos forman"(9). De aquí en adelante vemos un énfasis progresivo en la herencia étnica, y no la herencia cubana del autor, sino la herencia más amplia de ser latinoamericano, término polémico que nadie ha logrado definir a la satisfacción de todos. La mitología de los indios del Nuevo Mundo se propone en la poesía de Catalá como elemento que puede unir a las gentes diversas de "Latinoamérica", y el mestizaje de la gente se ve como un atributo positivo y bello que produce el vigor híbrido y una gente artística y atractiva. "Nuestro mestizaje toma el único color posible: el de nuestra humanidad," dice el poeta(10). El escritor cubano Lezama Lima tanto como el novelista rebelde español Juan Goytisolo se honran en poemas de este volumen, y la literatura que brota del encuentro de las dos culturas tanto como los problemas derivados de este encuentro se tratan en los dos poemas estudiados más adelante.

188.   Como gran admiradora de García Márquez no puedo resistir la tentación de comentar el poema siguiente:

Piedra Filosofal

> Isabel Macondo darse sin la cuenta
> hácese figura partiendo dun supuesto
> en negación la suya
> forma el picoteo y va tomando forma
> su supuesto que no es ya
> Agricultor soñado delante delespejo
> volviéndose la prima materia
> del arcano plano oculto alser expuesto
> Sábese liso y noloes en la medida
> ques destello dun cantazo
> de convergentes líneas enun punto plano (52)

189.   "Isabel viendo llover en Macondo" es el primer cuento de García Márquez en que Macondo y el símbolo de la lluvia eterna se presentan. Las estructuras gramaticales que aquí describen la Isabel del poema, contemplando su propia realidad, son problemáticas, y las palabras se escriben como se dicen y no según las reglas de la ortografía convencional. No hay puntuación, pero diría que la segunda frase empieza con la palabra "Agricultor" a mediados del poema. Un segundo personaje se presenta que no parece tener ningún otro lazo con Isabel que su estado meditativo y el hecho de que se encuentra frente a un espejo, símbolo de Macondo, ciudad de espejos e ilusiones. La tercera "frase" parece empezar con "Sábese liso" y pone los últimos toques a la idea que las cosas no son lo que parecen. Termina con el simbolismo geométrico de las líneas rectas que se unen en una superficie plana, algo que no es tan sencillo como aparenta ser en nuestro universo de espacio curvo. Los verbos no siempre se conjugan y las palabras que normalmente se pronuncian juntas se escriben así como se dicen en esta pieza filosófica. No hay puntuación para interrumpir la corriente de los pensamientos, y las ideas sobre el tiempo, el espacio y la realidad de un famoso novelista colombiano de

mucho éxito se presentan en la forma de la cienciapoesía. Latinoamérica se evoca como una unidad filosófica que contempla su propia identidad.

190.   El segundo poema que quisiera comentar trata de las ramificaciones éticas y estéticas de un problema científico dificilísimo y entra en el corazón de la definición de la cienciapoesía:

Paradoja ecológica

Hay que preparar la noche en el Atlántico
¿cómo no ejecutar los ritos de la tarde?
Hacia el temblor de tierra, el terremoto
    Nuevo Madrid presenta discurrente alternativa ecológica:
el continente se sacude las plantas nucleares de su lomo
y las cucarachas destructoras de sus bosques.

La tierra se renueva en su decamilenio

La noche es una oscura noche oscura,
las fauces de sistemas montañosos se tragan grandes llanos,
el continente muévese levógiro,
se estremecen rocosas y surgen aun más altas
                    las andinas madres
La noche del Atlántico estremece
dándose a luz una mañana. (76)

191.   La paradoja aquí consiste en la oposición de una escena tan pacífica con los efectos potencialmente desastrosos de la planta nuclear de Nuevo Madrid sobre el medio ambiente. Los ritos de la tarde sirven de preparación para la llegada de la noche y los primeros versos presentan una visión "primitiva" de la naturaleza que incluye la idea de los ciclos de destrucción y renacimiento evidentes a los hombres de las más antiguas civilizaciones. Las posibles consecuencias de un desastre natural, un terremoto, se sugieren. En caso de actividad sísmica, el accidente nuclear que resultaría podría destruir de manera más amplia y permanente que cualquier temblor u otra fuerza natural. Tan sólo las indómi-

tas cucarachas podrán sobrevivirlo todo. A pesar de esta posibilidad, cae la noche en el oceáno Atlántico, el movimiento natural y suave de la tierra y el agua continuan sin promover problemas mayores, y el resultado final es la promesa de un nuevo día. La noche que se describe en esta obra es la esencia de la oscuridad, "una oscura noche oscura", el adjetivo en posición anterior y posterior al sustantivo, contra uso normal. A pesar del peligro, esta noche oscura puede dar lugar a una nueva alba gloriosa. Prevalece la esperanza, pero hay una sensibilidad elevada y el peligro queda inminente. Tanto el nombre hispánico de la planta nuclear y la referencia a los Andes sirven para sugerir la posibilidad de la unión de los dos continentes americanos para enfrentarse con un problema serio y común, el de proveer una fuente limpia y eficiente de energía al mundo sin destruirlo en el proceso. Es más, el nombre Nuevo Madrid también sugiere la unión entre Europa y América. La respuesta se encuentra en el estudio de la ciencia y las artes como una unidad en todo el mundo.

192.   El volumen que se titula *Cienciapoesía* es la culminacion de las ideas previamente mencionadas. Abundan los términos científicos, se alaban los ideales de la libertad y la independencia y también la causa de los sandinistas. Se nota la presencia de aún más palabras combinadas en la escritura como se combinan en el habla cotidiana. Este tomo es mi preferido, y ahora quiero enfocar mi estudio en tres poemas que me impresionaron particularmente: dos acerca de la abuela del poeta y la relación de ésta con el universo físico y uno acerca de la fuerza de la gravedad y su relación con el amor. Empecemos con la abuela:

Prolegómeno para la teoría de sistemas

> Mi abuela es un sistema abierto
> hecho de carne y vitaminas,
> de hierro y calcio,
> de las protuberancias duna rosa,
> de pezones rosados y miel para mi abuelo

Mi abuela come para seguir anunciando
procesos anabólicos:
un carajal de aminoácidos formando proteínas.
Ella se rebela contra la daga catabólica
libando agua y leche,
devorando una oveja,
tomando el refresco por las tardes.
La anciana hasta se hace un garabato en yoga
por no dejar endurecer cartílagos.

Mi abuela de carne y hueso,
y alma,
es un cálido sistema abierto
que por las noches besa a sus nietos en la frente. (34)

193.   La abuela del poeta es un sistema abierto, reaccionando con el universo que la rodea, tanto en el plano físico como en el plano espiritual. Sus componentes son la carne y las vitaminas, el hierro y el calcio, también las protuberancias de una rosa, juntos con una dulce sensualidad reservada específicamente para su marido. El poeta cita los componentes elementales científicos comunes a cada ser, los que se usan para construir tejidos (los componentes anabólicos) y los desperdicios del proceso (los componentes catabólicos). Parte de la lucha de la abuela contra el catabolismo es el devorar una oveja. Este simbolismo aprovecha de lo científico y de lo poético, porque es de notar que esta mujer no come chuletas de ovejo, sino el símbolo de Jesucristo y la esencia de la Eucaristía. Otro método no científico que utiliza para combatir el mundo físico es el yoga, lo cual retarda el proceso de envejecer de los cartílagos. La conclusión es que esta mujer es carne y hueso y alma, una mezcla compleja de productos químicos que puede besar tiernamente a sus nietos, un sistema abierto y caliente de moléculas y amor.

194.   La misma abuela desempeña un papel más grande en el universo físico en el siguiente poema:

Mi abuela y el ecosistema

Doña Mercedes sale a regar por las mañanas
la raíz del cerezo
El agua cuestabajo sube hacia las hojas,
se persigna y salta del aire al sol
volando hacia una nube.

Duerme por días en almohadas de pluma,
viaja en litera por dos o tres semanas,
llega a los montes de maíz
y se desmonta, turista,
a saborear los surcos destos campos.
Luego, se zambulle en lo profundo
de la tierra
a descansar por siglos en acuífera.

Las gotas de agua tienen a mi abuela por agencia de viaje. (37)

195.   La abuela aquí tiene un nombre, Mercedes, y este hecho le concede aún más humanidad de la que tiene en el
primer poema. Sigue con el quehacer cotidiano de regar el
cerezo y el viaje del agua que ofrece al árbol es el enfoque
del resto del poema. Científicamente correcto, el resumen de
este viaje no carece, sin embargo, de elementos simbólicos y
poéticos. En vez de subir como vapor, el agua se santigua y
brinca al aire, volando hacia una nube que luego se representa como una almohada de plumas. El agua se personifica
como un turista mientras viaja por los surcos del maizal, y se
presenta en la forma de un pez sumanente extraño que se
zambulle en la acuífera de muchos siglos. ¿Y qué papel tiene
la abuela en esta fantástica odisea? Es el agente de viajes que
sin conocimiento específico de los detalles pone en marcha el
plan entero, similar al dios de la física cuántica que hace ro-
dar los dados y los deja caer donde quieran. En los dos poemas precedentes un miembro de la familia del poeta a quien
obviamente le tiene mucho cariño y sirve como un lazo entre
el individuo y el universo, entre la ciencia y la poesía.

196.   La gravedad es la fuerza que escoge Catalá para representar la unidad de la ciencia y la poesía en el poema siguiente:

Gravedad

La gravedad te atrae
porque cada átomo de la Tierra
es un concierto de caricias
Universalmente, cada uno te llama.
Y, en este llamado del amor
cómo decir que no?
Cómo decirle a tanto átomo que hoy no puedo?

La fuerza gravedad es débil,
ahora, cada átomo la manifiesta.
Su fuerza está en la multitud
y esto la intensa:
cada átomo d'amor obliga una respuesta,
porque yo soy en ellos y ellos en mí.

Aquerenciados unos de los otros,
al darnos cuenta desta orgía central,
se vuelve uno hacia sí mismo en un abrazo
que lo abarca todo,
y a su vez les da la libertad. (35)

197.   El poder de la fuerza de la gravedad aquí se ve provenir del hecho de que cada átomo es lo que llama el poeta "un concierto de caricias" que atrae a la gente de todo el mundo. Lo poético se rinde a la explicación científica. Las partículas de cada átomo giran una alrededor de la otra en una orgía musical y sus encuentros contribuyen cada uno a la manera en que las masas más grandes reaccionan a la fuerza de la gravedad, cada partícula minúscula atrayendo y repulsando las otras de acuerdo con las leyes de la física cuántica. De esta manera todos los átomos del universo se atraen los unos a los otros, y todos somos parte de ellos y ellos de nosotros. El abrazo cósmico que resulta incluye todo el universo, pero el poeta hace hincapié también en la autonomía

de cada átomo y su libertad. Las palabras se combinan otra
vez como en la lengua hablada y aquí la puntuación inglesa
prevalece en forma de la omisión del primer signo de inte-
rrogación. Esto puede considerarse licencia poética, y es
una indicación de la libertad del poeta. La libertad resulta un
término esencial para describir las posibilidades infinitas y la
incertidumbre a las cuales se enfrenta la física moderna a sus
intentos de explicar los movimientos de partículas. Se ha
tenido que romper para siempre con las leyes rígidas y de-
terministas de la física clásica. La realidad moderna es más
bien la superimposición de infinitas posibilidades en vez de
una sola percepción. Es una realidad con una firme base
científica, pero necesariamente organizada por un elemento
estético que se llama poesía.

198.   Me gustaría concluir con algunos versos de una traducción de Suzanne Sausville de un poema de Catalá titulado
"Epitaph for the Twentieth Century". El poeta se pregunta,
"How could I look through the eyes of my son's soul with a
clean conscience / and go to the laboratory to create the destruction of man on earth / How could I kiss the forehead of
my little girl / when I create the virus that will destroy the
children of her children." (De *Patterson Literary Review*
90). La familia se utiliza una vez más como un lazo entre los
conceptos de la ciencia y la poesía, esta vez con la meta de
buscar una ética apropiada a nuestra época difícil. Aquí se
presenta un problema más serio que jugar a los dados con el
ecosistema con resultados potencialmente desastrosos, se
trata de la destrucción intencional de la vida de la tierra. Los
conocimientos científicos han de ser combinados con el amor
y la belleza poética presente en los ojos de un niño para que
sobreviva la tierra. La gente tiene que comprender a sus
prójimos y a su medio ambiente para vivir juntos en paz y
armonía, y tiene que descubrir exactamente como funcionan
las cosas para poder cumplir con su potencial humano. Los
latinoamericanos en especial deben examinar profundamente
sus raíces históricas y mitológicas para suplementar la teoría
científica moderna y unirse como un pueblo. Rafael Catalá
ha interpretado elocuentemente la importancia de estas metas

y ha dado una denominación especial al concepto, la cienciapoesía, y viviendo este concepto mejorar la calidad de vida en este planeta.

Obras consultadas

Arrowsmith, Ramon. "A Unified Field Theory of Science and Humanities or How the San Andreas Fault Got Her Curves: Convergent and Divergent apporaches." *Literary Review* 4.1 (May 1988): 76-85.

Barradas, Efrain. "La poesía teórica y la teoría poética de Rafael Catalá" *En Rojo* Suplemento literario de Claridad (22-28 de enero de 1982): 9.

Cabral, Regis. "Cienciapoesía." *Publication of the Society for Literature and Science.* 2.2 (March, 1987): 10-12.

Catalá, Rafael. *Círculo cuadrado.* New York: L.A. Publishing, Co., 1974.

_____ *Cienciapoesía.* Minneapolis: Prisma, 1986

_____ *Copulantes.* Minneapolis: Prisma, 1986.

_____ "Epitaph for the Twentieth Century." *Patterson Literary Review* (1990): 90-1.

_____ "Epitafio para el siglo XX." *Ometeca* 1.1 (1989): 26.

_____ "Hacia una síntesis de las ciencias y de las humanidades: la cienciapoesía." *Lyra* 1.2 (1987): 24-27.

_____ "La cultura en la práctica de la libertad" *Ideologies and Literature* 4.16 (May-June 1983): 197-212.

_____ "Liberation and Education." *Apuntes* 5.4 (Winter, 1985): 75-80.

_____ "Para una teoría latinoamericana de las relaciones de la ciencia con la literatura: La cienciapoesía." *Revista de Flosofia de la Universidad de Costa Rica* 28. 67/68 (1990): 215-23.

_____ *Ojo sencillo/Triqui traque.* New York: Cartago, 1975.

Céspedes, Diógenes. "Copulantes, de Rafael Catalá." *Ultima Hora* 6 de agosto, 1981: 10.

Gómez Ayet, Jesús. "Ojo sencillo/Triqui traque". *La Estafeta Literaria* 628 (January, 1978).

Jiménez, Luis A. "Octavio Paz y la cienciapoesía: Convergencias teóricas" y "Octavio Paz and Sciencepoetry: Theoretical Convergences." *Ometeca* 1.2 (1989-90): 103-18.

Nieves Colón, Myrna. "Aproximaciones a la simbología en *Círculo cuadrado* de Rafael Catalá." *Románica* 12 (1975): 47-54.

Quiñones, Fernando. "Una puerta se abre." *Supplemento cultural Diario de Cádiz* 17 de noviembre, 1991.

Romano, James V. "Ecuación del Caribe: Copulantes de Rafael Catalá." in *Literatures in Transition: The Many Voices of the Caribbean Area* ed. Rose S. Minc. Montclair State College: Hispamérica, 1982.

_____ "Sciencepoetry and Language/Culture Teaching." *Hispania* 71.2 (May, 1988): 433-37.

_____ "Two Poems by Rafael Catalá: Introduction and Translation by James Romano." *Latin American Literary Review* 13-26 (July-December 1985): 75-77.

Una poética para nuestro tiempo[*]

Vilma Bayrón Brunet
Instituto de Cultura Puertorriqueña
San Juan, Puerto Rico

199.
> El mundo visible es árbol,
> nalgas ondulantes,
> aquel edificio de acero inoxidable,
> la hormiguita y la abeja que trabajan,
> la bacteria y el virus, el átomo...
> ...ni materia ni espíritu
> el mundo visible es la organización invisible de energía.
> —"La organización invisible", CP-E 54-55

Con estos versos —fundamentales, a mi modo de ver— pretendo aproximarme a una poética contemporánea que se denomina "cienciapoesía". Como queda ya indicado en el título del presente ensayo, considero tal poética como una adecuada a nuestro tiempo; y en torno a este planteamiento pretendo comentar asímismo los aspectos que más poderosamente han llamado mi atención en esta manera de concebir el quehacer poético.

---

[*] A la edición española de *Cienciapoesía* se la referirá con las siglas CP-E. A la edición estadounidense se la referirá como CP-U.

200.   Resulta obligado detenerse someramente en el mismo título ("Una poética para nuestro tiempo") a fin de indagar, antes que nada, en sus posibilidades. A poco que se interne una en el tema que deberá ocuparnos, el concepto "nuestro tiempo" queda falto de significado o —al menos— pleno de ambigüedad. En efecto, ¿a qué podemos referirnos cuando hablamos de "nuestro tiempo"?

201.   Desde un punto de vista filosófico "la pregunta ¿qué es el tiempo? tiene un presupuesto: que existe una cosa a la que llamamos tiempo"(van Fraassen 116). Plantearse la cuestión de cuál pueda ser nuestro tiempo tiene idéntico presupuesto aunque puede ser resuelta a partir del mismo planteamiento: "nuestro tiempo" coincide históricamente con la construcción y divulgación de la teoría causal del tiempo y del espacio-tiempo que, a su vez, arranca del desarrollo de la teoría de la relatividad de Albert Einstein.

202.   Desde esta perspectiva, es más o menos frecuente el intento de relacionar "las aventuras de la ciencia y el aconte-cimiento estético":

> Entendámonos bien, no se trata de confiar el estudio del fenó-meno artístico únicamente a los "científicos", la mayor parte de los cuales son investigadores de laboratorio bloqueados y hasta abrumados por su delicada especialización y que ni siquiera tienen la posibilidad de captar la transformación nocional que implican los hechos que descubren; se trata tan sólo de no ignorar esos he-chos. (Lupasco 16-17)

203.   Es al leer el libro de Robert H. March cuando el lector atraido por el tema puede percatarse mejor de la vigencia y el rigor de las palabras que anteceden. Puesto que ya desde su "Introducción" se expone con nitidez el proceso que nos preocupa y ocupa al dedicar una obra a la física "para poetas". Y, más aún, al comenzar dicha obra con un poema "o Documento A: prueba de la necesidad de que haya libro intitulado *Física para poetas*".

204.   El mencionado autor se basa, para establecer el vínculo entre ciencia (concretamente, la física) y poesía, en el hecho de que para causar auténtica conmoción en el mundo de la física, una idea ha de ser más que cierta, bella. Afirmándose así en el convencimiento de que "en cualquier campo, la facultad de crear tiene una dimensión emocional" (March 12). Todo ello para concluir que, contrario a lo que generalmente se presupone, "el creador de una idea científica abstracta pone en ella tanto de su personalidad como cualquier artista en su obra"; y para acabar añadiendo que "en esta época nuestra en que tanto se insiste en la educación científica ya resulta lugar común decir que la investigación científica es una gran aventura" (March 13).

205.   De al menos, inquietante aventura podría calificarse el impulso generador de versos como los siguientes:

> Como si nada.
> Como si tal cosa.
> Por si se cansa el potasio,
> el calcio, el sodio,
> el oxígeno, las neuronas:
> es decir, el alma;
> y ya está.
> [Bayrón-Brunet 21]

> Ocurrió en el tiempo
> de sublimes quietudes.
> Cuando no había
> risas ni llantos,
> ni mares azules.
> Estalló en aquel tiempo,
> sin remedio,
> el futuro.
> [Bayrón-Brunet 19]

206.   A esta inquietante aventura de la que ya éramos partícipes algunos poetas de su generación, Rafael Catalá ha venido a aportar la génesis de un modelo teórico, un esfuerzo por construir la "serie de principios" del "paradigma" que

—como él mismo explica— "exige ser articulado" (Catalá, CP-E 10):

> Se escribe una serie de poemas y, poco a poco, cuando miramos en retrospecto, vislumbramos los diferentes elementos de la infraestructura donde monta el edificio. Un paradigma es por lo tanto el producto de una praxis sobre la que se reflexiona. La espontaneidad no es sinónima de irresponsabilidad, sino que es una avenida de expresión que exige disciplina, y persistencia para expresarla. La teoría no excluye a la creación poética o viceversa. Ambas son elementos complementarios y necesarios de una manera de ver el mundo. (CP-E 10)

207. El proceso, sin embargo, no está sino iniciado en sus bases, en sus cimientos. El "edificio" queda aún por construir y, como señalo en el "Preliminar" a la edición española de su libro *Cienciapoesía*, "reclama voluntades".

208. En cualquier caso, estos cimientos ya elaborados por Rafael Catalá lo han sido desde y en tierra americana. Esta podría ser, tal vez, la característica más distintiva de su contribución al desarrollo del pensamiento poético contemporáneo dentro de la vertiente unificadora que representa la cienciapoesía. Veamos, al respecto, algunos versos de su poema "Turbulencia":

> Constelación de estados
> como Centroamérica
> ojo de ciclón ques turbulencia
> rompiendo el cascarón a un nuevo orden.
> (CP-E, 32)

209. El libro de Catalá, *Cienciapoesía*, conoce en la actualidad dos ediciones: la publicada en Estados Unidos por Prisma Books y la de la Editorial Orígenes en Madrid, España. En realidad, puede hablarse de dos versiones de un mismo texto con sus similitudes y variaciones. Entre estas últimas cabe destacar como más evidente la omisión de "Escobas de millo", "Quietud motora" y "1985". La no inserción de estos poemas en la versión española de

Cienciapoesía obedece a diversas razones basadas fundamentalmente en criterios de extensión y —sobre todo— de unidad temática. Por tanto, tenemos ante nosotros dos libros que semejan ser el mismo pero que —en rigor— no lo son. En efecto, mientras el volumen de Prisma Books recoge el siguiente material: "Introducción a la cienciapoesía" (se trata de un ensayo teórico elaborado por el propio Catalá). "Cienciapoemas" (selección de poemas en los cuales se pone de manifiesto la poética aludida en el ensayo anterior). "Escobas de millo", "Quietud motora", "1985"; la edición de la Editorial Orígenes presenta el siguiente contenido: "Preliminar" (poema-prólogo) por la autora de este artículo, "Introducción a la cienciapoesía" (idéntico ensayo en ambas ediciones) y —finalmente— los "cienciapoemas" (igualmente idéntica selección en ambos casos). Ambas versiones han sido publicadas con el total consentimiento del autor, contando mi intervención en la edición española con su continuado apoyo.

210.   Queda suficientemente claro que los textos básicos y que justifican la publicación de un libro por determinadas características, existen en ambos casos. El libro en su edición española, sin embargo, se concentra en estas características y responde, por consiguiente, al reclamo del título y del ensayo introductorio en donde se establece que la "cienciapoesía es una visión integrada de la realidad en la que las ciencias, junto con las humanidades, toman parte activa en el quehacer poético" (CP-E 9).

211.   Las consecuencias que puede traer consigo este planteamiento del quehacer poético son, por el momento, sólo imaginables; aunque algunas de ellas se nos presentan ya con grandes posibilidades de concreción. La "praxis" de la cienciapoesía podrá ofrecernos un mayor rigor en la utilización de las palabras dentro del fenómeno de la creación poética. Hemos de partir de la base de que "hoy día ha cambiado el contenido de no pocos conceptos fundamentales, como los de cuerpo, vida, alma, materia, luz, etc..., conceptos de los que la reflexión sobre el arte, como

cualquier otra reflexión, es necesariamente tributaria" (Lupasco 17). Igualmente previsible es la mayor internacionalización de los temas y su comunicación a través de la poesía resultante: incluso desde una perspectiva básicamente americana, como ocurre en la producción de Catalá. Es también probable que se valore con mayor precisión la importancia del proceso de síntesis, tan sustancial a la poesía. Quizás, en este sentido, nunca llegue a ser más cierta la afirmación de que "para escribir un sólo verso, es necesario haber visto muchas ciudades, hombres y cosas... hasta entonces no puede suceder que en una hora muy rara, del centro de ellos, se eleve la primera palabra de un verso" (Rilke 29-30).

212.   A manera de resumen, cabe precisar que Rafael Catalá —con su requerimiento de un "modelo teórico"— ha venido a estimular un proceso del que participamos algunos poetas de su generación e incluso de otras generaciones. Dicho proceso acaba de iniciarse históricamente con una serie de poemas y un tremendo esfuerzo por lograr una justificación cultural. Es igualmente cierto que la configuración de los elementos intrínsecos a una poética de la "cienciapoesía", a una poética de nuestro tiempo, está aún por elaborar. Sin embargo, puede resultar oportuno el planteamiento de algunas incógnitas presumiblemente relacionadas con una hipotética teoría poética resultante de la simbiosis de las ciencias y las artes, o mejor, de la ciencia y la poesía.

213.   Como he comentado con anterioridad, consecuente a tal fusión podría darse un mayor rigor en la utilización de las palabras dentro del fenómeno de la creación poética: ¿hasta qué punto se vería alterado nuestro actual concepto de la metáfora? ¿Hasta dónde habría de flexibilizarse, o limitarse? ¿Qué variaría? ¿Sería admisible, dentro de una poética de la cienciapoesía, hablar del "fondo del alma" o de las "pupilas azules"...? .. otra parte, ¿cómo se verían afectados los temas poéticos al mantenerse el poeta en percepción actualizada del acontecer científico? ¿Se situaría el poeta —junto con el

científico— al margen de la circunstancia inmediata para
adentrarse en cuestiones más "fundamentales"?

214.   Y, finalmente, ¿qué puesto habría de ocupar el
proceso de síntesis —y, como habría de darse— siendo tan
sustancialmente común a ambos campos fusionados?

215.   Con esta serie de interrogantes quisiera imbuir en
esta preocupación a los poetas actuales y venideros que aún
no participen de tal inquietud en su entorno. Quedo a la espera de todas las respuestas.

Obras citadas

Bayrón-Brunet, Vilma. *Semblanza*. Aranguren, Vizcaya: El Paisaje,
    1984.
Catalá, Rafael. *Cienciapoesía*. Madrid: Orígenes, 1986.
_____ *Cienciapoesía*. Minneapolis, USA: Prisma Books,
    1986.
van Fraassen, Bas C. *Introducción a la filosofía del tiempo y del espa-
    cio* . Barcelona: Labor, 1978.
Lupasco, Stephane. *Nuevos aspectos del arte y de la ciencia* . Madrid:
    Guadarrama, 1968.
March, Robert H., *Física para poetas* . México: Siglo XXI, 1984.
Rilke, Rainer Maria. *Los cuadernos de Malte Laurids Brigge* . Buenos
    Aires: Losada, 1968.

Cienciapoesía, Science Poems and *The Cosmic Canticle:* Catalá, López Montenegro and Cardenal

Rafael Chabrán
Whittier College

216.

> Neutrinos, they are very small.
> They have no charge and have no mass
> And do not interact at all...
>
> John Updike[1]

> El neutrino es ciego y sordo
> tanto y mucho olvidadizo
> al punto que no te ve, y te traspasa.
>
> Rafael Catalá[2]

---

[1] J. Updike. "Cosmic Gall." *Telephone Poems And Other Poems.* New York: A. A. Knopf, 1960, 37.

[2] R. Catalá. *Cienciapoesía.* Minneapolis: Prisma Books, 1986, 30.

el Big Bang.
La Gran Explosión
El universo sometido a relaciones de incertidumbre,
su radio de curvatura indeterminado
su geometría imprecisa
con el principio de incertidumbre de la Mecánica Cuántica...

Ernesto Cardenal[3]

Face to face with relativity,
they seem surprised at the end of their lives,
those good men of the Humanities
that see no connections with the science

as if there could be life without reason ...

Rafael Catalá[4]

Introduction

In a recent book, Leonard Shlain has attempted to con-
nect and show the interconnections between what he calls
"revolutionary art" and "visionary physics" (Shlain 1991).
Our enterprise is similar. We wish to focus on the ways in
which some Spanish-language poets have attempted a move

---

[3] E. Cardenal. *Cántico cósmico*. Managua: Editorial Nueva Nicaragua, 1989, 11.

[4] R. Catalá. "Face to face with relativity..." Trans. James V. Romano. *PSLS* (Publication of the Society for Literature and Science). Vol. III, No. 4 (August 1988): 15. The original "Enfrentados a la relatividad..." [untitled] First appeared in *Cienciapoesía*, p. 41.

toward the reconcialiation of two unique human languages: the language of science and the language of poetry. At the heart, or rather, at the core, the subatomic core, of our work are the relations between science and poetry; or in much more general terms, the relations between science and literature[5]. We are most interested in how these relations have been characterized in the writing of two contemporary Latin American poets, Ernesto Cardenal, Rafael Catalá, and an earlier Spanish poet, José López Montenegro.[6]

217.   To the best of my knowledge there exists nothing in Spanish like the *Princeton Encyclopedia of Poetry and Poetics,* where we might look up the section "Poetry and Science in Spain and Latin America."[7] In a similar manner, I am not sure that we have essays like Arnold's "Literature and Science" or I. A. Richards' *Science and Poetry* (1926). Nor am I sure that writers of Spain or Latin America think in terms of "Science vs. Poetry" as hypostatized entities to be described by military metaphors. On the other hand, we have had many poets, like Sor Juana Inés de la Cruz, who have used scientific ideas to describe their poetic and cosmological journeys. We have also had many physicians and biological researchers like Pío Baroja, Ramón y Cajal, and Martín-Santos who have used scientific language and descriptions throughout their creative writing.

---

[5] See "Science and Poetry" in Alex Preminger (ed.) *Princeton Encyclopedia of Poetry and Poetics.* Princeton: Princeton University Press, 1972; pp. 742-753.

[6] The present essay is a continuation of my previous research, "The Science-Poetry of José López Montenegro and Rafael Catalá," an unpublished paper read at the first meeting of the Society of Literature and Sciece, Worcester, Massachusetts (October 1987) and "La cienciapoesía de Rafael Catalá y los poemas cosmológicos de Ernesto Cardenal," an unpublished paper read at the meeting of the Pacific Coast Council on Latin American Studies, Mexicalli, Baja California Norte, Mexico in October 1988.

[7] See "Science and Poetry" *op. cit.*, pp. 742-753.

218.   All too often, the military metaphor, science versus poetry, has been passed down to us as the basic relationship between these two entities. Already in Plato, we find the fundamental opposition between the poet and the natural philosopher. By the seventeenth century, with the rise of modern science in Europe, we can witness the rival claims of science and poetry with respect to the dichotomies and fundamental oppositions between truth and fiction; scientific method versus that of imagination. "Science versus Poetry," —one almost immediately conjures two hypostatized entities. Often this antagonism between the Science and Poetry (the two words have capital letters) are placed in such radical opposition that no reconciliation seems possible. How often have we heard our colleagues, from the humanities ("us") face off squarely against "them" (the scientists) and vice-versa. The military metaphor lives on. Through constant repetition in historical, philosophical and even in everyday discourse, from numerous platforms, the idea that science and poetry at "war" has become almost an integral part of our intellectual culture. This "war" can best be seen in the words of P. A. M. Dirac:

> How can you do physics and poetry at the same time? The purpose of science is to make difficult things comprehensible in a simple manner; on the other hand, the purpose of poetry is to express things in an incomprehensible manner. (A. Quevedo, *P.A.M. Dirac* 42)

The Interdisciplinary Approach

219.   We here are interested in exploring the relations of literature and science by using interdisciplinary approaches which delve into the ways the poets have used both linguistic codes and scientific paradigms in their poetic discourse. Said in another way, we are committed to exploring the interconnections between literature and science in interdisciplinary

spaces and fields of inquiry, as well as in general poetic praxis.

220.   We would like to explore this interdisciplinary theme. The relations between literature and science take place in an interdisciplinary space or field —between two fields, science and humanities. For Roland Barthes interdisciplinary approaches which are so much in fashion today has nothing to do with established disciplines. According to Barthes, in order to approach something in an interdisciplinary manner, and gather two or three sciences around it: interdisciplinarity consists in creating a new object that belongs to no one. (Barthes, "Jeunes Cherecheures" 1). In his essay on structuralism, "From Science to Literature" (1967) distinguishes science from literature according to their different functions of language. Science focuses on the instrumentality of language (Hayles, *Chaos Bound* 34). From the point of view of science, language is of itself nothing and is only useful in so far as it communicates concepts and in the end this is the most important function. In literature, language is not only the vehicle that transmits the object, but is the object itself. N. Katherine Hayles in her book *Chaos Bound* (1990) spends a great deal of time in dealing with scientific language and the concepts that it attempts to communicate. With respect to the interdisciplinary approach, she states:

> Some years ago I began to wonder why different disciplines, sufficiently distant from one another so that direct influence seems unlikely, should nevertheless focus on similar kinds of problems about the same time and base their formulations on isomorphic assumptions. (xi)

221.   Science has also concerned itself with the theme of interdisciplinarity. Heinz Pagels (1939-1988), the well known physicist and author of many well received such works as the *The Cosmic Code: Quantum Physics as the Language of Nature* (1982), *Perfect Symmetry : The Search for the Beginning of Time* (1985), *The Dreams of Reason: The Computer and the Rise of the Sciences of Complexity* (1989).

In his work, *Perfect Symmetry* he summarizes the theme of his entire work in one sentence:

> Were I to summarize the optimistic theme in this book in a single sentence, that sentence would be 'From microcosm to macrocosm, from its origin to its end, the universe is described by physical laws comprehensible to the human mind.' (xv)

In the Preface to the same work Pagels refers to the great happiness and stimulus that physicists at that time felt about the intellectual synthesis of two sciences which was taking place at that moment: the synthesis of quantum theory (the microcosm) and cosmology (the macrocosm). Three years later, Timothy Ferry in his book, *Coming of Age in The Milky Way* (1988) said the following:

> The late twentieth century may be remembered in the history of science as the time when particle physics, the study of the smallest structures in nature, joined forces with cosmology, the study of the universe as a whole. Together these two disciplines were to sketch the outlines of cosmic history, investigating the ancestry of natural structures across an enormous range of scale, from the nuclei to clusters of galaxies. (335)

In a similar fashion, Lawrence M. Krauss has written about the excitement that scientists have felt in seeing the connections between the interface of particle physics and astrophysics. In the "Preface" to his work, *The Fifth Essence* (1989), he speaks about the convergence between what he calls "macrophysics" (cosmology) and "microphysics" (particle physics).[8]

222.   As will become evident, I believe that we from Spanish-speaking countries have a long and complicated history in which science and literature are intertwined and closely interrelated. I will focus on three poets, José López

---

[8] Krauss, L. *The Fifth Essence*, xv. See also, E. Kolb et al. (eds.) *The Inner Space, Outer Space: The Interface Between Cosmology and Particle Physics.* Chicago: University of Chicago Press, 1986.

Montenegro, a Spanish anarchist poet, and Rafael Catalá, a
contemporary Cuban poet writing in the United States, and
the noted poet from Nicaragua, Ernesto Cardenal, who
through their poetry, and in diverse ways, have shown the
interdependence of science and poetry through the writing of
poemas científicos and *cienciapoesía*. Their poetry demonstrates that "images drawn from the world of science are ev-
ery bit as powerful as great literary symbolism" and that
these writers, in their poetry, have attempted to portray the
beauty of nature and the complex "symmetry of molecular
structures" (Eisely 268, 275). Let me say from the outset, that
while I have called my presentation "Science-Poetry", I do
not mean to equate Rafael Catalá's concept of *cienciapoesía*
with the much earlier *poemas científicos* of López
Montenegro. Nevertheless, I do wish to put forth the notion
that there is a tradition of scientific poetry or science poetry
in Spanish and Latin American literatures.

The Science Poems of José López Montenegro

223.   We do not know much about the life and work of
José López Montenegro, but we do know that he did not
separate the discourses of poetry and science. In his writing,
we see an expression of scientific ideas through the medium
of poetry.[9] This is specially true in his work, "La
Naturaleza" (Nature) which is central to the diffusion of
evolutionary ideas among Spanish anarchists and anarchist
writers in Latin America. A look at López Montenegro's
work will also give us insight into how Spanish anarchists
viewed science and the relationship of literature to scientific
ideas.

224.   The little that we know about him is that he was an
anarchist poet who published in Barcelona at the end of the

---

[9] I am indebted to my colleague Professor Lily Litvak of the University of
Texas for all the information on López Montenegro. See Litvak, *Musa
Libertaria. Arte, literatura y vida del anarquismo español (1880-1913)*.
Barcelona: Antoni Bosch, 1981.

19th and at the beginning of the 20th centuries. Among his works is "La Naturaleza" (1902), a poem which deals with concepts from geology and zoology and was directed to the working class. López Montenegro's writing and thought must be further contextualized within a discussion of anarchist views toward science.

225.   Anarchism stressed the importance of science and anarchists were instrumental in the diffusion of scientific ideas, such as evolution. For the anarchists, the laws of nature —those which governed natural processes were also implicit in human society: "las leyes que regían los procesos naturales" (Litvak 9). There was no opposition between science and nature (Litvak 10). Rather than an opposition, there was a fundamental unity. What science does is to get at the knowledge (laws, order, structure) that is hidden in nature. This is a knowledge which is hidden under the apparent guise of chaos. Anarchists stress the importance of looking to nature in order to understand human behavior and the origins and workings of the universe. According to them, all of the principles of their ideological creed: Solidarity, Liberty and Equality, were to be found in nature.

226.   Spanish anarchists were especially taken by the idea of evolution (Núñez 1975; 1977, and Glick 1974; 1982). References to Darwin and translations of Darwinian texts abound in anarchist literature. As Alvarez Junco and Litvak have shown, countless mentions of Darwin and evolution can be found in the leading anarchists journals and reviews, such as *La Revista Social, La Revista Blanca, Ciencia Social,* and *El Productor* (Alvarez Junco 68; Litvak 261-264). Some of the anarchist publishing houses which were important in diffusing Darwinian ideas were: Prometeo, Sempere, Maucci, Atlante and the publication house of La Escuela Moderna. Spanish anarchists were especially taken by the *mutualista* views of Kropotkin with the emphasis on *cooperación* (cooperation) rather than on *lucha* or "struggle of the

fittest" of the Darwinians.[10] This view is found in the writings of such Spanish anarchists as Tarrida de Mármol and José Prat (Núñez 1977: 58).

227.   Poetic language (literary language) and scientific language were not in opposition for anarchist writers as López Montenegro. In his writing, poetic language is implicit in scientific explanation. This is best seen in his poem "La Naturaleza," also published as *El botón de fuego* (1902).[11] In this work, the poet provides us with a series of "Scientific poems" which are based on the theory of evolution. In "La Naturaleza", López Montenegro uses much scientific information from geology and biology in order to give an anarchist interpretation of the universe. He presents us with a cosmological plan in which nature is always transforming itself in uncountable periods of time. In the poem, we are told that the universe is always evolving and changing. We see a great deal of similarity between this poem and the "Cosmological Poems" (*Interciencia* 126-128) of the Central American poet Ernesto Cardenal and the *cienciapoesía* of Rafael Catalá.

228.   In "La Naturaleza", López Montenegro traces the evolution of the earth from the beginning of time. He tells the reader that the earth began as a fiery mass:

> El fuego, adentro quedó
> después tierra, encima agua
> y este líquido potente
> produjo, primero algas...

Taken as a whole, the poem is an epic to evolution in which the poet demonstrates his facility with the current scientific vocabulary of his times. This can be seen throughout the

---

[10] P. Kropotkin. *El apoyo mutuo.* Valencia: Sempere, 1902. See Núñez 1977: p. 56.

[11] Extracts of this poem first appeared in the anarchist journal *Los Desheredados* (Sabadell-Barcelona) in August of 1885. See Litvak, p. 12.

poem as in the following lines which describe the birth of the Protorosaurus: "En los mares permianos nació el Protoro-saurus, cocodrilo de rara especie..."

229.   The view of nature which the poet gives us is one which exemplifies the anarchist ideals of mutualism and solidarity. For López Montenegro we can see in nature the power of the weak and the strength of solidarity.

> Los corpulentos, árboles, no fueron
> lo que causó más huella;
> las pequeñas plantas herbáceas produjeron tanta,
> que casi de ellas son todas las cuencas
> Se hundían los terrenos lentamente
> en periódicas fechas.
> Por lo elástico y débil que era entonces,
> la cáscara envolvente del planeta.

In the process of evolution which the poem describes, nothing is ever lost. What we see in the poem is a primitive view of the conservation of matter and energy:

> Al surgir las transiciones
> o fases de desarrollo
> los gérmenes no se extinguen
> quedan siempre unos u otros....

230.   The basic units of life or "gérmenes" those cell-like structures remain whole or as parts of cells which make up life. Humans are the last to appear in the process of evolution and while the dating or time frame is incorrect, the idea that we are part of the earth —the ecological view, however romantic, that the "earth is our mother"— appears in the poem in the following manner: "Pasaron dos mil años desde el día en que sobre la tierra, nuestra madre, el hombre apareció..."

231.   While not writing within the anarchist tradition, the poetry of Rafael Catalá is yet another example of how Spanish-language poets have attempted to integrate poetry

and science. It is not our intention to compare the poetry of Montenegro with that of Catalá but only show that there are various traditions of writing Science poetry in Spanish.

Catalá and *cienciapoesía*

232.   Perhaps the best way to introduce Catalá is by situating him within the academic argument, known as the "Two Cultures Debate," which as we know, began with the publication of C.P. Snow's work, *The Two Cultures* (1959). In this work, which initially appeared as a series of lectures, Snow asserts that the humanities and the sciences are in basic opposition. To the best of my knowledge, Rafael Catalá, is the only Spanish language participant who has entered into this polemic. Both in terms of theory and in his poetic practice he has aimed to demonstrate what Loren Eisely has called, "the illusion of the dichotomy of the sciences and the humanities." (*The Star Thrower:* 267-279). Catalá believes that "literature (the humanities) coexist unified with science in one symbolic expression: science in literature and literature in science."

233.   Rafael Catalá was born in Cuba in 1942.[12] He was educated in both Cuba and the United States. He is both a critic and professor of Spanish and Latin American literature, the editor of the journal *Ometeca* —a scholarly review dedicated to examining the relationship between the sciences and the humanities— and a poet —a producer of *cienciapoesía* (sciencepoetry). He sees himself both as a reader and writer of and in "The Book of Nature" and as "an instrument of a universal text that is unfolding."[13] He has

---

[12] R. Catalá. "Vita" (1987), Typescript.
[13] Linda Metzger (ed.). "Rafael Catalá," *Contemporary Authors.* New Revision Series, Vol. 13: 103-104. See also Ofelia García. "Rafael Catalá."

written five books of poetry and several works of literary criticism to his credit. He has also worked as co-editor of the *Index of American Periodical Verse*. One of the most interesting and significant characteristics of his intellectual formation is his love of learning from many diverse areas such as mathematics, art, literature, and science, especially physics. Catalá's major research and artistic projects revolve around the development of a unified theory of poetry and science. For him, such a project must necessarily incorporate both poetic praxis and theory.

234.   It is our intention to outline some of the principal characteristics of *cienciapoesía* and to examine the theoretical working out of what has been called a new poetic genre. Catalá posits an integrated view of the universe and reality. For him, poetry (literature and the humanities) is not in opposition with the sciences. The fundamental problem, according to Catalá, is that poetry has not integrated what he refers to as "the most important operative paradigms of the century," namely the paradigms of quantum physics and relativity. "Sciencepoetry" will provide us with a holistic, interdisciplinary praxis of integration with respect to learning and methodology. (Catalá, *EducAcción*). For Catalá, the sciences are nothing but a sub-system of the sociocultural system, which in turn derives, especially in Latin America, from a "Hispanic historical reality." It is only through *cienciapoesía* that we can get what Catalá calls a "balanced world view" of reality and the universe. It is our task, "to learn to discern the commonality of principles" that bring together and unify our world view. Science and poetry are thus subsystems of that view of reality.

235.   Catalá's *cienciapoesía* also reflects strong ethical implications, especially with respect to ecology. Concerns for ecology and the ethical implications of scientific research are absolutes in the poetic equations expressed in Catalá's

Biographical Dictionary of Hispanic Literature in the United States. Westport, Conneticut: Greenwood Press, 1989, pp. 55-60.

cienciapoesía. Both humanists and scientists must consider the ethical and ecological consequences of air pollution in places like Mexico City as well as the problems brought on by the destruction of the rain forests of Brazil.

236.   In addition, Catalá believes that many literary texts emanate from what he sees as "codified scientific principles." These scientific principles are often the infrastructures of many literary works. Among these principles, Catalá cites the scientific principles of entropy and the bio-genetic principles of evolution. As we can observe, Catalá is strongly influenced by the notion of paradigm. In his sciencepoetry, he uses three paradigms which become operative principles in his writing thought. They are: the Heisenberg principle of uncertainty, Bohr's principle of complementarity and Einstein's theory of relativity. Shortly, we will explore the working out of the paradigms in Catalá's poetry, mainly in his poem on the neutrino.

237.   There are two other ideas which will help guide our discussion of Catalá's poems. They are his notions of "target oriented" texts and his understanding of material reality. "Target oriented" texts are those works in which science (scientific information or paradigms) is the object of the literary text. With respect to Catalá's view of material reality we can say that in essence, he agrees with Heinz Pagels statement "that material reality does not exist;" what exists is rather, "the transformation and organization of quanta" (Catalá, *Cienciapoesía* 15; Pagels 269). For Catalá, it is the task of the poet to transmit a scientific view of reality; one which incorporates the significant paradigms of modern physics. As we will see, Catalá carries out the task in his poetry. Take for example the poem "El humilde neutrino" (The Humble Neutrino) (*Cienciapoesía* 30), in which the poet describes a subatomic particle in poetic or literary language.

The Neutrino, "Microphysics" and *Sciencepoetry*

238.   Before we continue on neutrinos, we must talk about the so-called "Family of Particles" and situate neutrinos within that family. The world may be understood in terms of subnuclear particles. These particles have very short life spans. Frequently they only "live," perhaps, "exist" would be a better word, for a billionth of a billionth of a second. We are dazzled and astounded by the characteristics of the nature and existence when we confront the bizarre and rapidly moving world of modern physics. Physicists take us to a garden or zoo of 200 particles, where we find particles "carrying Greek names" and "jitter bugging" to the music of the quantum. Not only do particles exist, but physicists have also showed us how the "Antimirror" works revealing the world of both "particles" and "antiparticles."

239.   There are two kinds of subatomic particles: ferminons and bosons. In turn there are two types of ferminons: leptons and quarks. There are six kinds of leptons: electrons, muons, tauons, and three types of neutrinos. Finally, there are also six kinds of quarks. Neutrinos arise from the process known as "beta decay." (Lemenich 51).

240.   Physicists and poets have been studying for some time now that mysterious particle known as the neutrino.[14] We know that it exists, unlike other subatomic particles. A neutrino is a lepton. A lepton, from the Greek word meaning "light" or "swift" is a set of fundamental quanta which include the electron and the neutrino (Pagels 211). In 1934 E. Fermi coined the word neutrino, "little neutron." He believed it to be a particle with little or no mass and no electric charge, as well as no tendency to interact with matter. It was thought to be a "nothing particle," sometimes referred to as a "ghost"

---

[14]   On neutrinos see: F. Capra, *The Tao of Physics* 212-213; H. Pagels, "The Neutrinos" 216-219; L. Krauss, "Part IV, The Neutrino Saga and the Birth of Cold Dark Matter" 162-189; I. Asimov 163-225.

particle (Asimov). According to Hawking, the neutrino is an extremely light elementary particle and is only affected by the so-called "weak force" and gravity (185). The "weak force" is the second of what are known as "The Four Fundamental Forces": gravitational force, electromagnetic force, weak nuclear force and the strong nuclear force. The weak force is responsible for radioactivity (Hawking 71).

241.   The neutrino particle is most interesting because of its interesting and fantastic properties. Anthony Zee is correct when he writes that in discussion of quantum mechanics one cannot really speak of "properties" but rather of probabilities. As Pauli has stated, the neutrino is like a ghost in phantom. It can pass though the entire earth without interacting. This particle was predicted in 1933 (Pauli), but not actually "seen" experimentally until 1955 (Reens and Cowan).

242.   The neutrino has also been called the "truly elusive lepton." It is lighter than the electron in mass and has no charge, as we have said. It has only the weakest of interactions with the rest of matter. With no electric charge and almost no mass, it would seem to be very difficult to detect. Neutrinos are "born" or arise in the process of the disintegration of the neutron in what is known as "Beta decay." Beta decay involves the transformation of the neutron into a proton, accompanied by the "creation" of an electron and a neutrino (Capra 212). This can be expressed in the following equations:

$$_Z^A P \rightarrow {}_{z+1}^{A} P + {}_{-1}^{0} e + \bar{v}_e$$

$$_Z^A P \rightarrow {}_{z-1}^{A} P + {}_{1}^{0} e + \bar{\gamma}_e$$

$$_Z^A P \rightarrow {}_{-1}^{A} e + {}_{Z-1}^{A} D + \bar{v}_e$$

Expressed in another way, when a nucleus gives off a beta particle (speeding electron) the new nucleus plus the beta particle is slightly less massive than the old nucleus. In the 1930s, scientists working on the measurements of energy in radioactive decays of nuclei found that there was more energy before the disintegration of the nucleus that after. This was a seemingly serious violation of the Second Law of the Conservation of Energy. Wolfgang Pauli postulated that a "new" elusive particle was carrying off this energy. This particle was the neutrino.

243.   Neutrinos were predicted before they were actually detected. The first detection of neutrinos occurred in 1956. Three types of neutrinos have been discovered. As Krauss states, each type of neutrino is named after their charged partners that are produced in what are called "weak decays," like the decay of the neutron. The three types of neutrinos are: the electron neutrino (the Greek letter "nu"), produced with an electron in beta decay; the "Muon" neutrino ($V\mu$) and the "Tau" neutrino associated with similar weak decays that produce *muon* and *tau* particles (Krauss 167).

244.   Since at least 1960, poets have been searching images and descriptions for that most elusive particle known as the neutrino. In 1986, Anthony Zee commented in his book *Fearful Symmetry* on John Updike's poem "Cosmic Gall" which first appeared in *The New Yorker* in 1960. Zee states that he believes that Updike was so fascinated by the neutrino that he wrote a poem about it. He also remarked that to the best of his knowledge it was the only poem ever written about a subatomic particle by a major literary figure.

Let us turn to Catalá's poem on the neutrino:

El neutrino es ciego y sordo
tanto o mucho olvidadizo
al punto que no te ve, te traspasa.

Un leptón famoso, el neutrino
no siente e ignora la fuerza fuerte,
es hijo de débil fortaleza,
e ignora a la electromagnética señora.
Es el más común habitante que hizo Dios
y que a su vez es Dios.

El universo es un mar de neutrinos
—este señor omnipresente que domina la gravedad del cosmos.
Lo demás, flota en sus ondas.

Este tin tin de masa puede, un día, obsesionar el universo
a una locura
y hacerlo desplomar sobre sí mismo.
(30)
*

[The neutrino is blind and deaf,
and often very forgetful,
to such a point that it does not see you, and passes right
\ through you.

A most famous lepton, the neutrino
does not feel and it ignores the strong force,
because it is the child of the weak force,
and even ignores the electromagnetic Madam.
he is the most common inhabitant that God has made
and at the same time he is God.

The universe is a sea of neutrinos
—this omnipresent Master who dominates the gravity of the
\ universe
And the rest, floats on its waves.

Now it is known that they have tidbits of mass,
and although they are superficially inoffensive,
reader, they pass through you side to side and they don't touch
\ you.

This tidbit of mass can, some day, cause the universe
to destroy itself with such craziness
and cause itself to collapse unto itself.]

245.   In the first stanza, the subatomic particle is animated and almost humanized. We are told that the neutrino is blind and deaf and very often forgetful. But immediately the poet situates the particle within an "observer-related reality." The neutrino does not see us but it goes right through us. And then the poet personalizes our relationship with the neutrino: "...que no te ve y te traspasa..." Note how the informal indirect object pronoun "te" is used instead of the formal "lo ve a Ud."

246.   In the second stanza, we are told of some of the principle characteristics of the particle. It is a lepton and the child of a weak force (Pagels 212). Here the vocabulary of particle physics becomes poetic vocabulary. The second stanza ends with an interesting dialectical statement in which we see both deism and pantheism. We are told that the neutrino was made by God: "que hizo Dios" and that it is also God. The third stanza refers to the universe as "sea of neutrinos." While it might be insignificant, all the rest of creation floats in its wave, there by demonstrating its cosmic importance. In the fourth and fifth stanzas we are told about some of the most important aspects of the neutrino. It has almost no mass. It is mostly a manifestation of energy. The particle is described with such poetic language that we can almost hear and feel its slight mass: "Tienen un tin tin de masa." We can almost hear the "beats" of its waves and hear the "bing, bings" of its slight mass.

247.   In the next to the last stanza, the reader, or the observer of the phenomena is also included in the description of the subatomic particle, and here I quote and translate:

Even though they (the neutrinos) are supercially inoffensive, reader, they pass through you side by side and they don't touch you.

The last verses recall the descriptions of neutrinos that Pagels has given us in his work *The Cosmic Code:* "you can stand in front of a neutrino beam for days without a single event taking place inside your body." (217). In the final stanza, the poet gives us a warning. We must not overlook this seemingly insignificant neutrino because this "humble" subatomic particle might play a central role in the collapse of the universe: "...hacerlo desplomar sobre sí mismo." That is, force the universe to collapse on itself.

248.   In the poem the poet has given us a view of material reality. In this case it is a reality which is described and postulated in terms of "the transformation and organization of quanta." In his description, the poet uses the idea of complementarity and contextualizes his poetic-scientific description in terms of an observer-created reality. Quantum theory requires us to realize that what is going on in the quantum reality depends on how we observe it. It is a reality created in part by the observer and our observation depends on what part we choose to see.

249.   Another salient aspect of Catalá's poetry that we can detect is the use of a new poetic vocabulary. We find his poems are full of scientific vocabulary and especially, the vocabulary of modern physics. He frequently uses such terms as quarks, leptons and, of course neutrinos. But as Catalá has indicated, modern physics has appropriated this language, especially the names of subatomic particles, from the works of literary creation. As we know, "quark" is a term which physics has taken from the works of James Joyce, *Finnegan's Wake*. in the poetry of Catalá the language of physics has become poetized.

Ernesto Cardenal and his *Cántico cósmico*

250.   As we know, Ernesto Cardenal was born in Granada, Nicaragua in 1925. He studied in Mexico at the Universidad Nacional Autónoma de México (UNAM), and did graduate work at Columbia University in New York City. He was profoundly influenced by the writing of Thomas Merton and in 1965 he joined the Trappist Order of

Monks. From the outset of the Nicaraguan revolution he sided with the Sandinistas. He served as the Minister of Culture to the present government of Nicaragua until 1988. Cardenal is widely recognized as one of the foremost poets of Latin America. His works have received a great deal of critical attention and many of his poems have been translated, for example, *Zero Hour, Homage to the American Indians, Apocalypse and other poems,* and *Flights of Victory.*

Exteriorismo: Cardenal's *Ars Poetica*

251.   For Cardenal, *exteriorismo* means that poetry should arise of the images of the exterior world. The poet should use images from everyday life. His poetry is by nature narrative poetry. It is the poetry of the concrete.

> Exteriorism is poetry created with the images of the exterior world, the world which we see and feel, and is, in general, the specific world of poetry. Exteriorism is subjective poetry: narrative and anecdotal, made with elements of real life and concrete things.[15]

Influences: Teilhard de Chardin

252.   One of the most significant influences in the poetry of Cardenal, especially in his cosmological poems is the influence of Father Pierre Teilhard de Chardin (1881-1955), the French Jesuit paleontologist, theologian and philosopher,[16] especially his conception of the idea of

---

[15] See Russell O. Salmon, "Introduction" in E. Cardenal. *Los Ovnis de oro/Golden UFOs* xiii; and Marc Zimmerman, "Introduction" to *Vuelos de victoria.* x.

[16] See Teilhard's *Le Phénomène humain* (1955). English translation, *The Phenomenon of Man* (1959). For an excellent introduction to the work of

evolution. What we have in Cardenal's thought and poetry is what we find in Teilhard: Christian Evolutionary Thought. It is a view of the universe which is evolving but from a Christian perspective. Cardenal's words express this best:

> No es solamente la evolución de Darwin, pero la evolución de todo el cosmos; la evolucion de la materia primordial... los átomos, moléculas, células, toda la evolución que va hacia Dios; o como lo llamaba Teilhard, el *Punto Omega.*[17]

The Cosmological Poems and *The Cosmic Canticle*

253.   Cardenal's cosmological poems deal with the origin and evolution of the universe. In his poems, he makes use of the "Big Bang Theory" which structures his cosmological poems. As Pagels tells us, cosmologists are physicists who grapple with the ultimate questions about the origin of the universe. For example, they ask themselves: "How did the universe begin? How can we possibly imagine such an event?" According to Pagels:

> Most scientists today think that the universe was very different in the past, that all matter in the universe originated from an immense explosion —the big bang— and that the universe has been expanding ever since. ("Before the Big Bang" 22-23)

254.   In his cosmological poems, Cardenal, like Catalá, establishes a special relationship between the macrocosm and the microcosm. This relationship, which is a very ancient idea, especially in the hermetic tradition, is found in many of the poetic scientists of the seventeenth century such as

Teilhard, see T. A. Goudge in P. Edwards (ed.), *The Encyclopedia of Philosophy.* New York: Macmillan 1967, V. 8: 83-84.

[17] Lynn Conroy and Luis A. Jiménez. "Poetry in the World: an Interview with Ernesto Cardenal." *Ometeca* 2 (1991): 126-133. Special thanks to Dr. Luis A. Jiménez for providing me with a copy of this interview.

Athanasius Kircher and Sor Juana Inés de la Cruz. In the case of Cardenal, the Earth sees itself in an intimate relation with the universe, or as Catalá says: "el macrocosmo se muestra en las estrellas, el microcosmo en los cromosomas humanos." That is to say, the two systems realize that they were the product of a condensation or stelar explosion that was produced by the Big Bang.

255.   Cardenal's cosmological poems deal with the origin and evolution of the universe. Frequently, he uses ideas from the Big Bang theory. Modern physics provide him with a cosmological structure for his poems. This is the case with "Cantiga 1": "El big bang," the first poem of his work, *Cántico cósmico* (1989):

> En el principio no había nada
> ni espacio
> ni tiempo.
> El universo entero concentrado
> en el espacio del núcleo de un átomo,
> y antes aún menos, mucho menor que un protón,
> y aún menos todavía, un infinitamente denso punto
> / matemático.
> Y fue el Big Bang.

256.   A few words on the general features of *Cántico cósmico*. It is a long poem which deals with the evolution of the universe from a scientific point of view. The poem is 500 pages long and divided into 43 "Cantigas" of variable length. Each "Cantiga" has an individual title such as: "El big bang," "El cálculo infinitesimal de las manzanas," or "Cántico cuántico." Even a quick read of the collection of poems will reveal the abundant use of scientific language throughout the work. In a recent interview, Cardenal stressed the importance of the use of this scientific language: "...el vocabulario científico es sumamente poético. Significa una nueva conciencia que no se debe quitar de la poesía." (Conroy and Jiménez).

257.   In addition, he also underscores the use of references to scientific terminology, specifically references to quantum physics and cites the example of the Big Bang. According to Cardenal, these references help his poetry to be even more "exteriorista," that is to say, more"concrete." In a letter to Rafael Catalá (May 16, 1989), Cardenal states the following with respect to his use of scientific language: "Pero es lógico que la poesía se apropie de este lenguaje de la humanidad, el de la ciencia."[18]

258.   We do not know exactly when Cardenal became interested in scientific themes, but as Marc Zimmerman has indicated, he has always been interested in flight, outer space, and aeronautics.[19] These themes already appear in 1973 in the poem "Condensaciones y visión de San José, Costa Rica"[20] which later was included in *Cántico cósmico* (Cantiga 8: 81-86). We have found some early hints of scientific themes in 1986. In June of 1986, Cardenal published a series of poems in the journal *Revista Interciencia*. This journal is primarily a scientific journal but articles dealing with the connections between the humanities and science frequently appear in its pages. The six poems which Cardenal published in this journal are entitled "Poemas cosmológicos" (126-128). These poems became part of *Cántico cósmico*. The first poem of "Poemas cosmológicos" is "La segunda ley de la termodinámica":

> ¡La segunda ley de la termodinámica!
> la energía es indestructible en cuanto a la cantidad
> pero continuamente cambia de forma
>   Y va siempre hacia abajo como el agua.
> En la misma dirección como los ríos al mar.

---

[18]   E. Cardenal. Unpublished letter to Rafael Catalá (May 16, 1989). Typescript. Special thanks to Rafael Catalá for a copy of this letter.

[19]   Marc Zimmerman, "Introduction": ix-xxxii.

[20]   See Robert Pring Mill's Introduction to Ernesto Cardenal. Apocalypse and Other Poems. New York: New Directions Books: xi.

This poem, which deals with the Second Law of Thermodynamics — entropy— , was developed by Max Planck. As we all will remember, entropy takes place when a free exchange of heat takes place between two bodies as a self-sustaining and continuos process, and the heat must be transfered from a hotter to a colder body. The above mentioned poem is a poetic explanation of this scientific principle, and is an example of what Catalá has called a "target-oriented sciencepoem." The view of reality which we find in this poem is similar to what we have found in some poems of Catalá. It is one which Pagels has referred to as "the organization and transformation of quanta." In his poem, Cardenal writes the following: "¡La segunda ley de la termodinámica! / la energía es indestructible en cuanto la cantidad..." What exists is "La fragmentación de pocas cuantas de baja energía." The rest of the poem deals with the continuous loss of heat which will, according to the poet, lead to "Un agotamiento final. Una fría muerte calórica del cosmos." Here the poet describes entropy. The poem ends with the verses "Caen las cuantas... un desplazamiento hacia el rojo... la fría tumba de la entropía."

259.   But Cardenal will not end with such a negative note. While there are a number of scientific affirmations the poem also contains some significant questions and doubts. These appear in the form of questions in the poem:

> ¿Llegará un día en que se regenere la energía en nuevos protones y electrones? ¿El universo que ahora se consume en radiación resurgirá de sus cenizas? ¿Una nueva perturbación?

We know that chance dictates that there exists a possibility of a new creation; another Big Bang which will begin what just ended.

Conclusion

260.   As we have seen for poets like Rafael Catalá and
Ernesto Cardenal, one can do both physics and poetry.
Unlike the words of Dirac, the purpose of sciencepoetry is to
reveal "las cosas difíciles de un modo sencillo y comprensi-
ble." Most certainly, at least for Catalá, "La física y la poesía
no son incompatibles." I will end with the words of Catalá
from the poem which served as the epigraph for this essay:

> They never knew that scientists read poetry and fiction,
> that they were nourished by letters and philosophy.
> They never knew that legends
> were nourished quantically
> by squared faces replete with vectors
> by Pascal's spheres
> by Nasca numbers
> and projections of Nezahualcóyotl.

Works Cited

Asimov, Isaac. *Atom. Journey Acrosss the Subatomic Cosmos.* New
     York: Tally Books, 1992.
Capra, Fritjof. *The Tao of Physics.* Toronto: Bantam Books, 1976.
Cardenal, Ernesto. *Cántico cósmico.* Managua: Editorial Nueva
     Nicaragua, 1986.
_____*Apocalypse and other poems.* New York: New
     Directions.
_____ *Flights of Victory.* Willimantic, Connecticut:
     Curbstone Press, 1988.
_____ *Los Ovnis de Oro/Golden UFOs.* Bloomington:
     Indiana University Press, 1992.
_____ "Poemas cosmológicos." *Interciencia.* (May-June
     1986): 126-128.
Catalá, Rafael. *Cienciapoesía.* Minneapolis: Prisma Books, 1986.
_____ "Face to face with relativity..." Trans. James V.
     Romano. *PSLS* [Publication of the Society for Literature and
     Science]. Vol. III, No. 4 (August 1988): 15.

_____"Ciencia y literatura: su función en los pueblos iberoamericanos," *EducAcción*. III (Nov.-Dec. 1986).

Chabrán, Rafael. "The Science-Poetry of José López Montenegro and Rafael Catalá," an unpublished paper read at the first meeting of the Society of Literature and Science, Worcester, Massachussets (October 1987).

_____ "La cienciapoesía de Rafael Catalá y los poemas cosmológicos de Ernesto Cardenal," an unpublished paper read at the meeting of the Pacific Coast Council on Latin American Studies, Mexicalli, Baja California Norte, Mexico (October 1988).

Clifford, J. and G. E. Marcus. *Writing Culture*. Berkeley, University of California Press, 1986.

Conroy, Lynn and Luis A. Jiménez. "Poetry in the World: an Interview with Ernesto Cardenal." *Ometeca*. 2 (1991): 126-133.

Edwards, P. (ed.) *The Encyclopedia of Philosophy*. New York: Macmillan, 1967.

Eisely, Loren. *The Star Thrower*. San Diego: Harcourt, Brace and Jovanovich, 1989.

Ferris, Timothy. *Coming of Age in The Milky Way*. New York: Doubleday, 1988.

García, Ofelia. Nota sobre Rafael Catalá. *Biographical Dictionary of Hispanic Literature in the United States*. New York: Greenwood Press, 1989.

Hayles, N. Katherine. *Chaos Bound*. Ithaca: Cornell University Press, 1990.

Krauss, L. *The Fifth Essence*. New York: Basic Books, 1989.

Kolb, E., et al. *The Inner Space, Outer Space: The Interface Between Cosmology and Particle Physics*. Chicago: University of Chicago Press, 1986.

Kanellos, Nicolás (ed.) "Rafael Catalá." *Biographical Dictionary of Hispanic Literature in the United States*. Westport, Connecticut: Greenwood Press, 1989..

Kropotkin, P. *El apoyo mutuo*. Valencia: Sempere, 1902.

Lemenich, Michael D. "The Ultimate Quest". *Time*. April 16, 1990.

Litvak, Lily. *Musa Libertaria. Arte, literatura y vida del anarquismo español (1880-1913)*. Barcelona: Antoni Bosch, 1981.

Metzger, Linda (ed). "Rafael Catalá," *Contemporary Authors*. New Revision Series. Vol. 13: 103-104. Detroit: Gale Research Company.

Pagels, Heinz R. *Perfect Symmetry.* Toronto: Bantam, 1985.
_____ *The Cosmic Code.* New York: Simon & Schuster, 1982.
Preminger, Alex (ed.) *Princeton Encyclopedia of Poetry and Poetics.* Princeton: Princeton University Press, 1972.
Quevedo, A. "P. A. M. Dirac", *La Gaceta* [Fondo de Cultura Económica] No. 184 (September 1986).
Shlain, Leonard. *Art & Physics: Parallel Visions in Space, Time, and Light.* New York: Morrow, 1991.
Snow, C. P. *The Two Cultures: A Second Look.* Cambridge: Cambridge University Press, 1964.
Updike, John. "Cosmic Gall." *Telephone Poems and Other Poems.* New York : A. A. Knopf, 1960.
Zee, Anthony. *Fearful Symmetry: The Search for Beauty in Modern Physics.* New York: Collier Books, 1986.

The "Particle Poems" of Rafael Catalá

Michael F. Capobianco
St. John's University
New York City

261.   Rafael Catalá is internationally known for several reasons not the least of which is his work towards narrowing the gap between science and humanities. There is considerable activity today regarding the merger of these so-called "two cultures", viz., the creation of the Ometeca Institute by Catalá, which has already published several issues of its journal and held two important conferences, and the formation of SLS, The Society for Literature and Science, which has just started a journal called *Configurations*, and has sponsored several meetings.

262.   Certainly, the development of sciencepoetry (cienciapoesía) by Rafael Catalá is an important segment of this movement. Catalá has poems about gravity, identity, fire, relativity, etc. (*Cienciapoesía*) Here, we will direct our attention to three poems about particles. It seems that especially in the area of particle physics do we find a use of language most akin to that of the humanities. Niels Bohr, himself, has said that when speaking of atoms, one can only use poetry. Indeed, in the quantum realm, ordinary language

seems to lead to very perplexing statements. Entities are waves and particles at the same time; which they are depends on how *we* set up to observe them; observation itself is a problem because such observation causes disturbances, hence the Uncertainty Principle; particles perhaps have some strange way of communicating with each other despite great separation, etc.

263.   In his "Particle Poems", Catalá seems to take a very playful sort of attitude which gives these entities almost a human dimension. Let's look at the first of them now, in my translation. This poem deals with one of the most elusive of all particles namely, the neutrino.

264.   This is a neutral particle, but much smaller than a neutron. In fact, it is not certain whether it has any mass at all. Its name was coined by Enrico Fermi and is an Italian diminutive (the "ino" ending). Hence, "neutrino", small neutron.

265.   The question of its mass could be of cosmological significance because there are so many neutrinos in the universe that if each had even a tiny bit of mass, there might be sufficient mass to eventually recollapse the entire universe!

266.   Because of its smallness, a neutrino travels at or close to the speed of light and rarely interacts with matter. It just zips right through things, including human bodies, leaving us completely unaware of its existence. There are several neutrino detectors in operation at different locations around the world. These are placed deep underground.

267.   Many of these notions are brought out in Catalá's poem. Listen!

The Lowly Neutrino

The neutrino is deaf and blind
And so absent of mind

That it will not see you
As it goes through you.

A famous lepton the neutrino
It feels not the strong force.
A child of the weak force
It ignores Madam Electromagnetic.

It is God's most common creation
Which at times is God!
For the universe is a sea of neutrinos,
These omnipresent Lords
Who govern the gravity of the cosmos,
Everything else
Floats on their waves.
Today we believe they have
A tiny speck of mass.
And although apparently ineffectual,
(Dear reader, they pass you side by side
But do not touch you)
These tiny specks could one day
Bring the universe to such madness
So as to collapse it upon itself!

268.   The next poem we will examine deals with a particle
called a muon. This is a fascinating anomaly in the world of
particles.(Ford) It is very much like an electron ("hermano
mayor" as Catalá puts it) except for its mass, which is unex-
pectedly large. It is also unstable and lives only two mil-
lionths of a second. It decays into an electron, a (muon-)
neutrino and an (electron anti-) neutrino. Catalá refers to
these latter as the "mellizos neutrinos".

The Love of a Muon

The Muon, the primal cry of a cat!
Big Brother of the electron

> Has the same charge, the same spin,
> And the same relation to the forces,
> However, it is fatter.
>
> It suffers from dizziness,
> And decays in two millionths of a second,
> Upon disintegrating,
> It yields an electron
> And twin neutrinos.
> They are so common
> That their wailing
> Forms the background
> Music of the cosmos,
> By our Geiger Earth.

I have taken the liberty here of replacing "vaca", cow, by "cat" since although in Spanish the pronunciation of muon (moo-on) would resemble the sound made by a cow, in English its pronunciation (mew-on) would be much more like the cry of a cat. In fact, I do not stand alone with regard to this notion. There is a well-known limerick which goes as follows:

> There once was a kind curate of Kew
> Who kept a cat in his pew.
> He would teach it each day,
> A new Greek letter to say,
> But it never got further than Mu.

269.   Perhaps the deepest of the particle poems of Rafael Catalá is he final one under our consideration, "Telepatía Quántica". This seems to be related to a holistic view of the universe and the notion that everything is in some mysterious way connected to everything else. There are some physicists, David Bohm, for example, who currently seem to favor this view. It is offered as an explanation of the

puzzling result known as Bell's theorem and the Einstein-Podalsky-Rosen experiment. (Cushing & McMullin; Peat)

270.   This poem also seems to refer to Bohr's principle of *complementarity*, the idea that quantum measurement cannot be separated from the method or apparatus of measurement; the two form an integrated whole. *What* we observe depends on *how* we choose to observe it.

Quantum Telepathy
—*strangeness*

To observe and determine
the trajectory of a photon
Without disturbing it,
We need only set up an experiment
On the machine at Cern
To believe we are playing an objective game.
The photon, anxiously awaiting

Reads our minds,
And nullifies the game!

271.   The "machine at Cern" is a high-energy collider in Switzerland, the largest in existence to date.   The SSC (Superconducting Super Collider) to be built in Texas, will be larger.

272.   It is interesting that this poem has the subtitle "strangeness" for it is not only indicative of one of the strangest interpretations of quantum theory, but this is also the name given to one of the properties of the (supposedly) most fundamental of particles, the quark.

273.   It is clear from the examples above, that there is a common ground between science and humanities.   The

common ground seems to be in the discipline of philosophy. It is to be hoped that with the continued work of people like Rafael Catalá and groups like the Ometeca Institute, scientists and humanists will be better able to meet and exchange valuable philosophical views for the betterment of humankind.

274.   Apropos of this, Catalá makes an interesting statement in his "Introduction to Sciencepoetry," and we should like to end by quoting it: (the translation is mine)

275.   "We are at a point at which scientific accomplishment is at its apogee. The contributions being made by the sciences to all aspects of culture are immense. Modern physics, for example, has revolutionized the way in which we perceive reality. Mass and energy are not different entities; mass is energy. Material reality does not exist, Note Pagels: 'what exists is the transformation and organization of quantum fields — that is all there is.' The conceptions of time, space and chance are changing at a rapid speed."

Works Cited

Catalá, Rafael, *Cienciapoesía*. Prisma Books: Minneapolis 1986.
Cushing, J. T. and McMullin, E., Eds. *Philosophical Consequences of Quantum Theory*. University of Notre Dame Press, Notre Dame 1989.
Ford, K. W., *The World of Elementary Particles*. New York, Blaisdell, 1963.
Peat, F. D., *Einstein's Moon*. Chicago, Contemporary Books, 1990.

Cienciapoemas: **Re/visión tecnológica y sub/versión ecológica**

Luis A. Jiménez
Florida Southern College

276.

> [When] the author enters into his own death,
> writing begins to restore the place to the reader.
> —Roland Barthes

> El poema, un vez escrito
> muere al escrito
> pero al lector vive ...
> —Rafael Catalá

La analogía entre el enunciado de Barthes en su ensayo "The Death of the Author"[1] (1968) y el de Catalá en "Cieciapoemas"[2] (1986) pone énfasis en el análisis textual prescindiendo de su autor. Para el crítico francés lo mismo

---

[1] Del libro de Barthes se citan tres ensayos: "The Death of the Author" (142-48); "From Work to Text" (155-64); y "Change the Object Itself" (165-69).

[2] El texto de Catalá contiene: "Introducción a la cienciapoesía" (13-25), "Cienciapoemas" (29-64), "Escobas de millo" (65--93), "Quietud motora" (95-107), y "1985" (109-126).

que para el poeta cubano, la retórica de la escritura aleja la voz del genio creador del discurso a favor de la participación activa del lector quien con su lectura le otorga realidad a la obra literaria ya sea en prosa o en verso (Barthes 142, 143; Catalá 48).

277.   Henry Lefebvre, al comentar sobre el "sentido" de la poesía, se refiere a la polarización de significantes y de significados en la semiótica discursiva (21). Este estudio va dirigido hacia el "sentido" del mensaje en "Cienciapoemas", invitación explícita en el discurso cataliano: "Todo se abre a ser leído" (29). Es, pues, el texto el que está hablando y le corresponde al lector (o al crítico) descodificar los signos lingüísticos en el mismo.

278.   "Cienciapoemas" constituye un conjunto orgánico y temático amoldado a la noción de poemario. Las treinta y tres poesías presentan una orientación semántica de significaciones opuestas: tecnología/ecología, energía/masa, observador/actuante, mente/cerebro, etc., aunque estas dualidades tienden a resolverse en busca de la unidad de nuestro universo y a tono con los adelantos en la comunicación, la física quántica, el Big Bang, y las contribuciones lingüísticas de Chomsky, entre otros.

279.   El texto se asemeja a un sistema de información con un "código del universo" interceptado por hombres y mujeres "unidos en la danza dun fuego inextinguible"(28). Baile, actores y lenguaje son signos del teatro de la palabra representado en "Cienciapoemas" para exponer los peligros del progreso tecnológico:

> La vida resbala hacia el desastre
> ecológico por los productos de la técnica,
> ques hueso y pellejo de la ciencia (61)

280.   Debido a este peligro, surge la toma de conciencia ecológica, lo que Paulo Freire llama la "concientización" al nivel ideológico. En "Cienciapoemas" ambas se fundan en

una responsabilidad ética (y estética). En "El humilde neutrino" el lector alerta capta este mensaje donde oye además el
tintineo quántico de lo imperceptible, pero que emite energía,
según el fundamento de la física moderna creada por Max
Planck:

> El universo es un mar de neutrinos
>
> ....
>
> *lector*, te pasan lado a lado y no te tocan
>
> ....
>
> Ese *tin tin* de masa puede obsesionar el universo
> a una locura
> y hacerlo desplomar sobre sí mismo (30, subrayado agregado)

281.   Entre mundos opuestos, se intenta dar una respuesta
a la síntesis sociocultural de lo que Catalá considera su
praxis literaria: la *cienciapoesía* (una palabra). En el ensayo
teórico que precede a "Cienciapoemas" el autor define la
cienciapoesía dentro del contexto ecológico y ético del
"equilibrio homeostático de la humanidad"(18). Existe, pues,
la búsqueda interdisciplinaria o intertextual (Barthes 160) de
un encuentro entre la ciencia: "tribus de Planck, [Werner]
Heisenberg, [Wolfgang] Pauli y [Niels] Bohr" y las humanidades: la poesía de José Martí, Ernesto Cardenal, César
Vallejo y José Lezama Lima (39, 43). El acercamiento de
disciplinas aparentemente antagónicas gravita alrededor de lo
que el propio Catalá denomina la "equifinalidad inversa",
proceso por el cual llegan a unirse en la estética (22).

282.   "Cienciapoemas" revela al lector la existente dualidad
tecnología/ecología que impera en Hispanoamérica y en el
resto del globo. El "yo" poético, por un lado, toma una
postura revisionista sobre el avance tecnológico de la sociedad moderna. Por ello, los logros de la ciencia a través de
la historia no pueden ser considerados progreso porque éste
constituye la evolución del pensamiento humano (61). Por el
otro, brega en favor de la protección del medio ambiente
amenazado con su destrucción total. La humanidad se en-
camina hacia el desastre ecológico debido a los productos del

mal uso de la técnica (61). Concluye diciendo que la ciencia es el control humano de la naturaleza. "Ciencia" y "naturaleza" son signos opuestos de una misma fórmula que confluyen en la incertidumbre de la pregunta retórica con la que se dirige al oyente del discurso: "¿Es posible que la natura se controle a sí misma / si el hombre es también naturaleza?" (61).

283.   La escritura de "Cienciapoemas" se nutre repetitivamente de las dicotomías y del "binarismo ascético" (48) que el acto de la palabra escrita (*parole*) brinda[3]. Los abundantes desplazamientos semióticos de la escritura catalana: materia/espíritu, progreso/subdesarrollo, naturaleza/cultura (38, 61, 64) son paradigmas claves de la imagen del mundo desplegada en el texto. Al "edificio de acero inoxidable" de cualquier ciudad moderna el hablante contrapone la labor comunitaria de la hormiga y la abeja en el medio natural (38). En vez de la "lluvia ácida radioactiva" aniquiladora de bosques y lagos, favorece el contorno ambiental del ecosistema" "frescor de las selvas", y un régimen adecuado de salud física y mental con "procesos anabólicos / aminoácidos formando proteínas / .... /yoga por no dejar endurecer [los] cartílagos" (34, 47).

284.   En "Tao del fuego" (44) y "Tao del arado" (45) surge de nuevo el binarismo representado por dos signos lingüísticos: el tractor y el arado. Ambos objetos representan la dualidad entre el progreso técnico y el subdesarrollo agrícola, distinción que prevalece en el discurso neocolonialista de la sociedad latinoamericana moderna. Mediante la alusión metonímica, el lector presiente el caos y la sumisión del hombre bajo la presión de la ciencia tecnológica.

285.   A los sintagmas connotadores de los mensajes "caballos" y "bueyes", se opone la cultura industrial, y su

---

[3] Retóricamente, las oposiciones binarias son ingredientes vitales de todo lenguaje y la coexistencia entre ellas es rasgo común del registro discursivo (Jakobson 148)

influencia sociopolítica se resume con una frase posmoderna: "La fundición cerebral dun ingeniero" (45). El tecnócrata ejemplifica el desarrollo económico del capitalismo que niega el paso evolutivo a las sociedades hispanas, algunas de ellas aún posfeudales. El sistema de producción actual sustituye la *ciencia del significante* "tractor" por otro significado ideológico: "acero"(Barthes 166).

286.   "Tractor" y "arado" se proyectan al lector dentro del juego semiótico de la antinomia: el discurso dominante versus el contradiscurso del oprimido que en la literatura latinoamericana se manifiesta mucho antes y después de la abolición a favor de los afrohispanos: "Subdesarrollo" ... "¡Eres guardián de esclavos!" (64). En los dos poemas el "arado" se convierte en objeto frío y anacrónico, símbolo del colonialismo eurocéntrico. El "yo" observador deposita el arado en el museo para el recreo del "trajín de sus nietos" (45). Las dualidades mencionadas cumplen cabalmente con el propósito polimórfico del acto lingüístico (*Cienciapoesía*, 23). En otras palabras, son inherentes a la psique humana y, por consiguiente, parte integral de la comunicación discursiva entre objeto y sujeto, texto y lector, lenguaje y cultura.

287.   El "tractor", por otra parte, es el símbolo de la capacidad industrial. Significa una ruptura con el equilibrio ecológico y agrícola. Como artificio del lenguaje, mediatiza los medios económicos que sustentan los progresos científicos de la sociedad actual. Walter Benjamin opina que la maquinaria puede servir de re/producción mecánica de la "realidad" contemporánea. La función estética e ideológica del vehículo motorizado sirve para comparar el triunfo tecnológico con el destino impuesto al tercermundismo (incluyendo al castrismo de hoy) del "yunque" y "bueyes / pensativos y pacientes" ("Cienciapoemas" 45)

288.   La responsabilidad ética descansa en la necesidad de proteger el ecosistema invadido por esta cultura tecnológica (*Cienciapoesía*, 16). De hecho, el mensaje ecológico se puede decodificar si interpretamos el texto a la luz de lo que

Octavio Paz llama la "obra abierta" (1971 72). Catalá, al abordar la cuestión, la define dentro de los parámetros lingüísticos de la modernidad (y la posmodernidad) de la escritura: "escribir, por añadidura, los textos de pasado / y hacer futuro /.../ Texto difícil que se sabe y anuncia dificultad" ("Escobas de millo" 87). "Mañana" y "ayer" son signos espaciales superpuestos a una visión sincrónica de la América y del nuevo hombre y la nueva mujer, paso integrador de la teología de la liberación (*Cienciapoesía* 21).

289. "Pernoctando en el futuro" se aproxima también a una versión posmoderna de la *cienciapoesía* cuyo marco referencial tiene su apoyatura en las investigaciones sismológicas realizadas por Catalá (1974-84). El hablante del poema se sitúa en estado de vigilia frente a la "idea" del terrible terremoto. Se incorpora un mensaje auditivo inicial mediante el juego verbal: *Oír* la radio por no tener que *oír* / y *oír* por ejemplo / que gran terremoto..." (47) (Subrayado agregado). La facultad de escuchar la noticia en un medio de comunicación como es la radio posee una correspondencia explícita: el código oral transmite la información para luego ser traducida al lenguaje escrito. Visto desde la polarización semiótica a la que alude Lefebvre se convierte en emisor de su propio discurso.

290. Como actuante en el discurso, este emisor da testimonio del desastre ecológico que en realidad no ha ocurrido: "Ser testigo de recuerdos futuros / nos permite pernoctar lo acaecedero" (47). Predice la catástrofe siguiendo las leyes físicas del ajuste de "la balanza hemisférica"[4], principio unificador de la geometría fractal, según la teoría de

---

[4] Véase además el poema "Lo que puede el darse cuenta" (63). Se plantea aquí la percepción del mundo como el conjunto de relaciones complejas, un ser vivo "que penetra al centro mismo de la Tierra y se sienta en Yo". El intertexto se parece a la visión de Octavio Paz, al considerar cada orden existente como parte del sujeto unificado: "Percibo el mundo y te toco, sustancia intocable / unidad de mi alma y de mi cuerpo" (*Libertad bajo palabra* 91).

James Gleick (104). Describe el fenómeno terrestre con signos auditivos y visuales similares al movimiento de una sacudida. El texto transforma el terremoto en sonidos de un lenguaje musical, metáfora de la danza: "baila jazz el río / los llanos ciclópeos / afondan al abismo" (47).

291.   El poema, sin embargo, cierra con una nota optimista. Rebasa el caos y vuelve al orden natural del universo: "Se renuevan tierras y aguas" (47). "Tierra" y "agua" lo mismo que "fuego" y "aire" en el poema "Turbulencia" (46) son los cuatro signos de la zona circular de la esfera terrestre, signos constantes del ecosistema.

292.   En "Pernoctando en el futuro" el lector capta en el mensaje la mutación evolutiva del sismo, el goce ecológico (y estético) del que habla, el placer (*jouissance*) bartheano, nexo de la escritura con la unidad y la identidad utópicas subyacentes en el lenguaje (Barthes 164). La referencia metonímica al "parto" de un gran terremoto estremeciendo el área de Nuevo Madrid es el fin de la gestación y el comienzo de la escritura: el texto concebido (y parido) esencialmente por su naturaleza simbólica (Barthes 159).

293.   En busca de la armonía ecológica y estética, el hablante de "Cienciapoemas" se afianza en la transhistoria, en el mito azteca especialmente. El poema "La descendencia de Tlacaelel" (50-51) penetra en lo que Barthes considera la inversión mítica (o mística) de la nueva semiología. Es decir: se subvierte la cultura, la ideología y la historia a favor del lenguaje de la naturaleza, lo que permite a la *ciencia del significante* transformase en nuevos significados transmitidos literalmente en "imágenes" y en "objetos" (165-66).

294.   Una de las transformaciones semióticas de la escritura aludida por Barthes se puede observar en la nueva "imagen" de la "América" que en "La descendencia de Tlacaelel" adquiere el significado científico del "continente entrópico" (50). Octavio Paz en su ensayo "La nueva analogía: poesía y tecnología" afirma que la destrucción de la

imagen del mundo" es producto del "tiempo de la técnica" ya que "acelera la entropía" (1973, 13). Para Paz, la civilización de la época industrial ha causado en un siglo más caos y extinción que todas las otras culturas juntas, incluso la revolución del neolítico (13).

295.   En el discurso teórico de la *cienciapoesía* , Catalá define la entropía como "elemento isomórfico", creador del caos y del orden de información dentro de un sistema, ya sea literario o físico (16). La teoría de la comunicación sustentada por James Gleick se ciñe también a estas "atracciones raras," (258) portadores de orden y de desorden, y que exigen un ajuste de nuestra capacidad de observación. En "La descendencia de Tlacaelel" las "imágenes" fragmentarias de la naturaleza del mundo azteca se atraen: sol/luna, desierto/mar, águila/colibrí.

296.   Parte vital de la segunda ley termodinámica, la entropía genera asimismo la energía creadora. En el poema esta energía se manifiesta en el acto de escribir dentro de otra escritura. El efecto lúdico de nuestra proposición recae en el "objeto" bartheano: "la pluma para ser cauce de poemas"(50). Como móvil del mensaje escrito, la pluma funciona de pre/texto autorial convertido en metáfora: el tropo subvierte la significación de la palabra y lo que literalmente corresponde a la "madre del río" es *creación entrópica*, el fluir desordenado de la escritura buscando las raíces en el pasado precolombino.

297.   En poder de la palabra escrita, el sujeto de la enunciación se acerca espacial y temporalmente a las fuentes del mito azteca encarnado en Nezahuacóyotl (1402-72), poeta e ingeniero en su momento histórico. Apoyados en esta interpretación mítica, percatamos la relectura americana de la frase histórica "pienso y soy" de Descartes, y atribuida al rey precolombino en el texto. El hablante se ubica en la tradición indígena, enumera sacrificios paganos y ceremonias públicas asociadas con esta cultura para concluir con una visión poética de la creación del hombre azteca. En el procedimiento

lingüístico del poema sobresalen rastros de la personificación lunar: "Se hizo carne la luna; / nació un hombre de su sangre menstrual." Mediante el flujo mensual se vincula el proceso simbólico del lenguaje a los orígenes del mexicano.

298.   El sueño del tirano Tezozomoc avisa que Nezahual-cóyotl se convertiría en "águila y el miocardio comía" y des-pués "llegaron botes de España". El águila es síntesis del pa-ganismo mesoamericano y la cultura española. El intertexto se observa ya en el *Primero sueño* de Sor Juana (Vol. I, 335) donde el águila se vuelve cristiana, intento de sincretizar las civilizaciones del Nuevo Mundo con las europeas. El hecho de que el rey azteca coma carne humana se emparenta a nivel mítico con el poema sorjuanesco. En éste, el castigo de las doncellas tebanas fue comer carne humana.

299.   Junto al águila, se funde al poema el mito del sueño del "colibrí" americano. Este pájaro aparece descodificado por los jesuitas para interpretar la muerte y la resurrección de Cristo. Muchos años atrás en *Monarquía Indiana*, Fray Juan de Torquemada (1557-1624) asocia al colibrí con Huitzilo-pochtli, dios en forma de águila y guía del pueblo mexicano a la tierra prometida. En suma, "águila" y "colibrí" son dei-dades y como tales simbolizan parte de la América hispana. Se presentan en un contexto profano-religioso donde el lector /o espectador participa en la reconstrucción del mito azteca visto desde la América y sin negar a Europa como lo concibió también José Vasconcelos en *La raza cósmica*.

300.   El discurso viajero en "Cienciapoemas" promueve el contacto con los adelantos de las culturas americanas an-tiguas como son las pirámides de piedra de Uxmal y los números nascas, entre otros (38, 41). Toda esta enumeración caótica en el texto le permite al lector adentrarse en el tiempo y en el espacio de la escritura cataliana, de especial interés por su significación ecológica y la penetración antropológica de las "relaciones humanas" aludidas por el etnólogo Lévi-Strauss. La geografía (y la transhistoria) es una invitación para recrearse y aprender algo sobre el paisaje americano:

"Dimensión de viaje que cambia perspectiva/ ... / el tiempo es vector en que se viaja y que viaja en nosotros" (58). Es intento de desvirgar y desmitificar el lenguaje y la América por medio de la "nunca virgen / elástica escritura." ("Escobas de millo" 85).

301. Un acercamiento crítico a "Cienciapoemas" exige el rompimiento con las barreras interdisciplinarias entre las humanidades y las ciencias. Se concluye este ensayo con unas líneas del poema "Praxis estética" puesto que abre el discurso poético de Catalá a nuevas aproximaciones hermenéuticas al transcurrir estético e histórico de la sociedad contemporánea, sobre todo la americana en ebulliciente crecimiento demográfico:

> Hay inducción y deducción,
> gramática, semiótica e historia,
> habla popular y culta ...
> y misticismo arcano, juego de voces, sicología profunda.
> Hay física y manzanas ... (52)

A lo que se puede añadir por analogía el intertexto "From Work to Text" de Roland Barthes:

> Interdisciplinary begins *effectively* when the solidarity of the old disciplines break down of a new object and a new language.

Obras citadas

Barthes, Roland. *Image/Music/Text.* Trad. Stephen Heath. New York: Hill and Wang, 1977.

Benjamin, Walter. "The Work of Art in The Age of Mechanical Reproduction." *Illuminations.* Trad. Henry Zahn. New York: Schocken, 1978.

Catalá, Rafael. *Cienciapoesía.* Minneapolis: Prisma Books, 1986.

Cruz, Sor Juana Inés. *Obras completas.* Ed. Alfonso Méndez Plancarte. México: Fondo de Cultura Económica, 1951.

Gleick, James. *Chaos.* New York: Penguin Books, 1987.

Jakobson, Roman. *Ensayos de lingüística general.* Trad. Josep M. Pujol y Jem Cabanes. Barcelona: Seix Barral, 1981.

Lefbvre, Henry. *La langage et la societé.* París: Gallimard, 1966.

Paz, Octavio. *Corriente alterna.* México: Siglo XXI, 1971.

_____ "La nueva analogía: poesía y tecnología". *El signo y el garabato.* México: Joaquín Mortiz, 1973.

_____ *Libertad bajo palabra.* México: Fondo de Cultura Económica, 1968.

Torquemada, Fray Juan de. *Monarquía Indiana.* México: UNAM, 1975.

Bibliografía de la obra de Rafael Catalá

Luis A. Jiménez

Libros de poesía

Cienciapoesía . Minneapolis: Prisma Books, 1986.

Cienciapoesía (Sólo "Cienciapoemas"). Madrid: Editorial
Orígenes, 1986.

Copulantes . 1ra edición. Santo Domingo, República
Dominicana: Luna Cabeza Caliente, 1980; 2da edición
corregida y aumentada. Minneapolis: Prisma Books,
1986.

Ojo sencillo/ Triqui-traque. Prólogo de Juan Goytisolo. New
York: Editorial Cartago, 1975.

Círculo cuadrado . New York-Madrid: Anaya-Las Américas,
1974.

Caminos/Roads. Trad. Nancy Sebastiani.(Edición bilingüe) New York: Hispanic Pr. 1973.

Prosa:

Para una lectura americana del barroco mexicano: Sor Juana Inés de la Cruz y Sigüenza-y-Góngora . Minneapolis: Institute of Ideologies and Literature, University of Minnesota, 1987.

Letters to a Student . Corrales, New Mexico: Corrales Infinite Way Study Group, 1988; 1ra. reimpresión: Kent, Washington: Ventura One, 1994.

Sufficient unto Itself Is the Day. Corrales, New Mexico: Corrales Infinite Way Study Group, 1989; 1ra reimpresión Ventura One, Kent, Washington, 1993.

Poesía publicada en las antologías siguientes

El jardín también es nuestro, New Brunswick, N.J.: SLUSA Press, 1988.

Poetas Cubanos en Nueva York, Madrid: Betania, 1988.

Paraguas amarillos, New Hampshire: Ediciones del Norte, 1983.

Esta urticante pasión de la pimienta, New York: Prisma Books, 1983.

Hispanics in the United States: An Anthology of Creative Literature, Michigan: Bilingual Review Press, 1982.

Azor en vuelo, Vol. V, Barcelona: Ediciones Rondas, 1981.

Poesía

"Realidad aparte", "Los dos caminos", "Holograma", y "La pareja". *Transimagen,* Vol. I, Año I, No. 1 (otoño-invierno 1993): 28-31, New York.

Epitaph for The Twentieth Century". trans. Suzanne Sausville. *Footwork: Paterson Literary Review.* (1990)

"Epitafio para el siglo XX" y "La espontaneidad del panadero", *Ometeca,* Vol. I, No. 1 (1989).

"Syncretizing", "Isaac and Albert", and "Face to face with relativity..." (trans. James V. Romano). *PSLS* (Publication of the Society for Literature and Science), Vol. III, No. 4 (August 1988) Boston; pp. 14-15.

"El centro de la rosa," y "Cinco de agosto," *La Nuez,* año I, No. 1, enero-abril 1988, New York, N.Y.

"Sincretizando", "Los pies", "Prolegómeno para la teoría de sistemas", "Erotismo", "Isaac y Alberto", "Lo que puede el darse cuenta", y "Lectura de Sor Juana". *Poetas Cubanos en Nueva York.* Madrid: Editorial Betania, 1988.

"Sincretizando", *Conceptions Southwest,* Tenth Aniversary Issue, primavera 1988, University of New Mexico, Albuquerque, New Mexico.

"Gravedad," "Sólo es el baile," "After World War III,"
"Amor a la Frialdad," "Metafísica machista,"
"Confesión," y "Cantos dun pueblo." *Realidad
Aparte*, No. 11, verano 1987, North Bergen, New
Jersey.

"Prolegómeno para la teoría de sistemas," *La Gaceta del
Fondo de Cultura Económica,* Nueva Época, No.
189, septiembre 1986, México.

"Detrás de la Aritmética" y "Prolegómeno para la teoría de
sistemas," *Cuadernos de Poética,* año III, No. 9,
mayo-agosto 1986, Santo Domingo, República
Dominicana.

"Enfrentados a la relatividad," *Q 21*, No. 28, 1986,
Newark, New Jersey.

"Meditación tolteca," "Don Julián"/ "Toltec Meditation,"
"Don Julian," Translation y introduction by James
Romano, *Latin American Literary Review*,
University of Pittsburgh, Vol. XIII, No. 26, julio-
diciembre 1985, Pittsburgh, Pennsylvania.

"hay casas que ayudan a todo el mundo," *Palabras y Papel,*
Vol. V, Cuaderno 1, enero-agosto 1985, New York,
N.Y.

"Mi abuela y el ecosistema," *Pliego de murmurios*, año V,
No. 43, 1985, Barcelona, Spain.

"El acto creador," *Prismal Cabral,* No. 12/13, otoño 1984,
University of Maryland, College Park, Maryland.

"Turbulencia," *En Secreto*, primavera 1983, Bronx, New
York.

"Verdadero abrazo" y "Idealismo concreto," *Alcance*, Vol. I,
No. l, febrero 1983, New York, N.Y.

"Preparar un poema para el taller," "Confesión,"
   "Enfrentados a la relatividad," "La herencia," y
   "envejecer," *Esta urticante pasión de la pimienta,*
   Prisma Books, New York, 1983.

"Darle al gato lo suyo," "Ana Lucía," "Tarde de estío," "Ana
   Isabel," y "Acelga Pedroso," *Los Paraguas
   Amarillos,* Ediciones del Norte, Hanover, New
   Hampshire, 1983.

"Hora Calibán," "Sincretizando," y "Isaac y Alberto," *Soles
   emellis,* Prisma Books, New York, 1983.

"Sunrise neuyorkino," *Hispanics in the United States: An
   Anthology of Creative Literature,* Vol. II, Bilingual
   Review Press, Ypsilanti, Michigan, 1982.

"Sólo un instante —*desde Yuri Lotman,*" *Mairena,* No. 13,
   1975, Río Piedras, Puerto Rico.

"Los pies," *Pliego de murmurios,* febrero 1982, Barcelona,
   Spain.

"Danzón peruano," y "Acción de gracias," *Maize,* Vol. V,
   No. 3/4, primavera-verano 1982, San Diego,
   California.

"december 21," *Catalyst,* verano 1982, Seattle, Washington.

"La heredera," "Ir de compras," "Con los ojos abiertos,"
   "Como Kavafis," y "Principio de partida," *Azor en
   Vuelo,* Vol. V, Ediciones Rondas, Barcelona, Spain,
   1981.

"De estar a ser," y "Principio de partida," *Letra Grande,*
   Year I, No. 3, abril 1980, Santo Domingo,
   República Dominicana.

"Estampa de Union Township," traducido al español por
    Pedro Mir, *Caliban*, Vol. III, No. 2, otoño-invierno
    1980, Amherst, Massachussets.

"Encuentro," "Ars poética," "A Eugenio Florit," "Ojo sen-
    cillo," "Nuevo brotar," y "La pintura de Luis Cruz-
    Azaceta 1978-80," *El Duende*, agosto 1980, C. W.
    Post College, Greenvale, New York.

"Landscape," *The New York Times*, Sunday, septiembre
    30, 1979, Section 11, New York, N.Y.

"Coming of Age," y "In Praise of Idleness," *Writer's
    Workshop*, Vol. VIII, abril 1979, Lafayette College,
    Easton, Pennsylvania.

"Una letra duna escritura tuerta," *Hoy*, No. 19, 2da Época,
    enero-febrero 1979, Asunción, Paraguay.

"Estrella y sol," "Lo que no soy," y "Féliz venganza," *La
    Noticia: Aquí*, Suplemento literario, mayo 28, 1978,
    Santo Domingo, República Dominicana.

"Alabado el rastro," "Ana Isabel," y "Don Julián," *Chasqui*,
    Vol. III, No. 1, noviembre 1978, Universidad de
    Monterrey, México.

"Un personaje se defiende" y "Mi rostro," *Lugar sin límite*,
    Vol. I, No. 1, 1979, New York, N.Y.

"La Palabra," *Impacto*, 1978, New York, N.Y.

"desnudez" y "Opus alquímico," *Listín Diario*, 3 septiembre
    1977, Santo Domingo, República Dominicana.

"Recuento" y "Actodeconciencia," *Point of Contact/ Punto
    de Contacto*, Vol. I, No. 2, 1976, New York, N.Y.

"La heredera," *Diálogos*, Vol. 12, No. 2 (68), marzo-abril
1976, El Colegio de México, México D.F., México.

"Hoy poesía I" y "esta presencia nuestra," *Círculo Poético*,
No. 6/7, 1975-76, Troy, New York.

"Se quemó cañaveral con oja y tó," *Ventana*, No. 13, 1975,
Río Piedras, Puerto Rico.

"Mi paradoja," *Puerto Norte y Sur*, otoño 1975, Detroit,
Michigan.

"Corriente viva," y "etapas," *Boreal Internacional,* mayo
1974, Montreal, Canada.

"Ir de compras" y "Coatlicue copula con Jesús," *Romanica,*
Vol. XI, 1974, New York.

"La mano existencial," "Vacilón," "Enraizados en una mace-
ta," "... and so we live, and what?" "vengo del lácteo
y más allá," y "here I am opened and closed,"
Septagon, Vol. I, No. 2, 1973, Columbia
University, New York, N.Y.

"Meditation," *ARE Newsletter*, junio 1973, New York,
N.Y.

"América," "Música de Tania Viera," "En una silla de
ruedas," "Los líderes americanos, *Romanica*, Vol.
X, 1973, New York University, New York, N.Y.

"Límites quebrados," *Victoria de las Tunas*, junio 1972,
Miami, Florida.

"La palabra," *Victoria de las Tunas*, junio 1972, Miami,
Florida.

"Hay panteones en orden," "Ser a los cuatro vientos," y "En
función de mi voluntad," *Romanica*, Vol. IX, pri-

mavera 1972, New York University, New York, N.Y.

"Extensión," *El Diario*, noviembre 28, 1971, New York, N.Y.

"entre yuntas y bueyes," "otro resplandor," y "divagaciones metafísicas," *Cuaderno de Norte,* Year XII, No. 34, mayo-agosto 1971, Amsterdam, Holanda.

"Extensión," y "¿Si?," *Romanica*, New York University, Vol. III, primavera 1971, New York University, New York, N.Y.

Nota: Esta bibliografía poética está incompleta ya que Catalá nunca se ha ocupado de coleccionar todo lo que publica. Luego de una investigación bastante exhaustiva esto es lo que hemos podido encontrar hasta la fecha.

Textos

"El tema de nuestro tiempo" y "Vuelta a la libertad". *Románica*. Vol.vi (1969), New York University, New York, pp. 44, 46.

"sábado santo". *Listín Diario* -Artes y letras. 10 de junio de 1978. Santo Domingo, República Dominicana. p. 5.

Ensayos: capítulos en libros y artículos

"Prólogo/Prologue", *Ometeca,* Vol. 1:2/2:1 (1991); 7-14.

"Para una teoría latinoamericana de las relaciones de la ciencia con la literatura: la cienciapoesía," *Revista de*

Filosofía, Vol. XXVIII (Nos. 67/68) 1990, Universidad de Costa Rica, San Pedro Montes de Oca, Costa Rica.

"Vectores ideológicos en la obra de Clemente Soto Vélez," *Simposio: Clemente Soto Vélez*, Carlos A. Rodríguez, Editor (San Juan: Instituto de Cultura Puertorriqueña, 1990)

"Tomamos conciencia (Taking On Consciousness)", *Companionship of Solitude* , ed. Fotiní Pedron. (Corrales, New Mexico: Infinite Way Study Group, 1990)

"El materialismo místico en la obra de Clemente Soto Vélez," *Simposio: Clemente Soto Vélez*, Carlos A. Rodríguez, Editor (San Juan: Instituto de Cultura Puertorriqueña, 1990)

"Prologue / Prólogo", *Ometeca,* Vol. 1:2 / 2:1 (1989-90); pp. 7-10.

"Prólogo / Prologue", *Ometeca,* Vol. I, No. 1 (1989); pp. 7-14.

"What Is Sciencepoetry," *Publication of the Society for Literature and Science* , Vol. III, No. 4, agosto 1988, Depto. de Inglés, Northeastern University, Boston.

"Hacia una síntesis de las ciencia y de las humanidades: la cienciapoesía," *Lyra* , Vol. I, No. 2, 1987, Guttenberg, New Jersey.

"Teología de la liberación y la literatura," *Literature and Contemporary Revolutionary Culture* , University of Minnesota, año I, 1984-85, Minneapolis.

"El *Neptuno alegórico* de Sor Juana: Ontogenia de América," *Plural* , Vol. XIII-VII, No. 151, abril 1984, México.

"La cultura en la práctica de la libertad," *Ideologies &
   Literature*, Vol. IV, No. 16, mayo-junio 1983,
   University of Minnesota, Minneapolis.

"Sobre el *Neptuno alegórico* de Sor Juana," *El Café
   Literario*, No. 31-32, Vol. VI, enero-abril 1983,
   Bogotá, Colombia.

"Raigambre de avanzada", *Soles emellis.* New York: Prisma
   Books, 1983; pp. 9-22.

"Apuntes del Taller", with Klemente Soto Beles, *Esta
   urticante pasión de la pimienta.* New York: Prisma
   Books, 1983; pp. 9-10.

"Educación vs instrucción," *Expresión Latina*, Year I, No.
   6, diciembre 1982, New York.

"Solidaridad político-histórica y religiosa en *Canto de la
   locura* de Francisco Matos Paoli," *Mairena* , año IV,
   invierno 1982, No. 11/12, Río Piedras,Puerto Rico.

"La evolución del pensamiento en tres poetas del Caribe:
   Clemente Soto Vélez, Pedro Mir y Manuel Navarro
   Luna," *Literatures in Transition: The Many Voices of
   the Caribbean Area* (Un simposio), Maryland:
   Hispamérica y Montclair State College, 1982.

"*La fecha al pie* de Cintio Vitier," *Areíto* , Otoño 1981,
   New York.

"La transcendencia en *Primero sueño* de Sor Juana Inés de
   la Cruz: el incesto y el águila," *Revista Iberoamericana.*
   Vol. XLIV, Julio-Diciembre 1979, University of
   Pittsburgh, Pennsylvania.

"A propósito de *Ese sol del mundo moral* de Cintio Vitier,"
   Cuadernos Universitarios, Universidad de San Carlos

de Guatemala, No. 5, November-December 1979, Guatemala.

"La crisis de la reconciliación y de la trascendencia en *Los pasos perdidos* de Alejo Carpentier," Chapter 2, *Cinco aproximaciones a la narrativa hispanoamericana contemporánea* , Madrid: Playor, 1977.

"Apuntes sobre el existencialismo en *Sin rumbo* de Eugenio Cambaceres," Festschrift for Rodrigo Molina, *Estudios de historia, literatura y arte hispánicos* , Madrid: Insula Ediciones, 1977.

"Las muertes de Ernesto Alvarez," *En rojo* , suplemento literario de *Claridad* , Noviembre 25-29, 1976, Puerto Rico.[Reimpreso en *La Noticia* , Noviembre 1976, Santo Domingo, República Dominicana; y por el Instituto Comercial Junior College publicación fechada Noviembre 13-17, 1978, Puerto Rico.]

"Una lectura de *Autorretrato* de Pedro Mir," Caribe , University of Hawaii, Fall 1976. [Reimpreso por *La Noticia* , 28 de agosto de 1977, No. 205, Santo Domingo, República Dominicana.

"Liberation and Education," *Apuntes* , Perkins School of Theology, Southern Methodist University, Year V, No. 4, Dallas, Texas.

Dirección de revistas, antologías y series de referencia:

Director de *Ometeca*, una publicación de teoría, crítica y creación dedicado a las relaciones entre las humanidades y la ciencia —1988-presente.

Index of American Periodical Verse: 1981. Metuchen, N.J. - London: Scarecrow Press, 1982. [Una serie de referencia anual]

Index of American Periodical Verse: 1982. Metuchen, N.J. - London: Scarecrow Press, 1984.

Co-director con James D. Anderson:
Index of American Periodical Verse. Metuchen, N.J. - London: Scarecrow Press [anual desde 1983-presente]

Co-director con Robertoluis Lugo of *Soles emellis* . New York: Prisma Books, 1983. [La "Introducción" a esta antología fue escrita por Catalá. Es un ensayo teórico]

Ensayos y material bio-bibliográfico se puede encontrar en las siguientes series de referencia:

Contemporary Authors , (Gale Research Co., Detroit, Michigan)

Biographical Dictionary of Hispanic Literature in the U.S., pp. 55-60 (Greenwood Press, New York 1989)

Dictionary of Twentieth-Century Cuban Literature (Greenwood Press, NY 1990)

The International Authors and Writers Who's Who (International Biographical Centre, Cambridge, England)

Directory of American Poets (Poets and Writers, New York, NY)

Who's Who in U. S. Writers, Editors, and Poets 1989-90 (3ra edición)

Who's Who of Emerging Leaders in America

National Directory of Latin Americanists (Library of
    Congress, 1985)

Who's Who in American Education, 3rd ed. (The National
    Reference Institute, Wilmette, IL)

Who's Who among Hispanic Americans (Gale Research,
    Inc., Detroit, Michigan)

Artículos y reseñas sobre la obra de Rafael Catalá

Arrowsmith, Ramon. "A Unified Field Theory of Science and Humanities or How the San Andreas Fault Got Her Curves: Convergent and Divergent Approaches". *Literary Review*. 4:1 (Mayo 1988): 76-85

Barradas, Efraín. "La poesía teórica y la teoría poética de Rafael Catalá". *En rojo* —suplemento cultural del periódico *Claridad*. 22-28 enero 1982, San Juan, Puerto Rico. 9.

Cabral, Regis. "Cienciapoesía." *PSLS* (Publication of the Society for Literature and Science.) 2: 2 (March 1987): 10-12

Céspedes, Diógenes. "Copulantes" de Rafael Catalá en *Estudios sobre Literatura, Cultura e Ideologías*. San Pedro de Macorís, República Dominicana: Universidad Central del Este, Vol XLIX, Serie Literaria No. 11. pp. 105-109.

_____ "Cienciapoesía". *Cuadernos de Poética*. Año IV, No. 12, mayo-agosto 1987, pp. 71-73. República Dominicana.

Edwards, Cathy. "Lafayette Professor: His Life and His Writing". *The Lafayette*. 28 de octubre de 1977. Easton, Pennsyvania. 7

García, Ofelia. "Rafael Catalá". *Biographical Dictionary of Hispanic Literature in the United States*. New York: Greenwood Press, 1989. pp. 55-60.

Gómez Ayet, Jesús. "Ojo sencillo / Triqui traque". *La Estafeta Literaria.* No.628 (Enero 1978) Madrid.

Hernández, Orlando José. "Rafael Catalá y el anverso ptolomeico: *Círculo cuadrado.* El tiempo hispano. Domingo 2 de marzo de 1975. New York, New York.

Jiménez, Luis A. "Octavio Paz y la cienciapoesía: convergencias teóricas". *Ometeca.* 1:2-2:1 (1989-1990): 103-118.

Metzger, Linda (ed.). "Rafael Catalá". Contemporary Authors. New Revision Series. Vol 13: 103-104. Detroit, Michigan: Gale Research Co.

Montes, Yara. "Rafael Catalá", en *Dictionary of Twentieth-Century Cuban Literature* (ed.) Julio A. Martínez Greenwood Press, NY 1990.

Quiñones. Fernando. "Una puerta se abre". Suplemento cultura - *Diario de Cádiz.* España, 17 de noviembre de 1991; p. 34.

Romano, James V. "Sciencepoetry and Language/Culture Teaching". *Hispania.* Vol. 71, No. 2 (May 1988): 433-37.

Indice de Materias

Este índice se refiere directamente a párrafos pertinentes en vez de referirse a páginas enteras como hacen otros índices.